摩洛哥，
貓　的日常

My life as a cat in Morocco

李昱宏
文・攝影

Contents 目錄

推薦序　美麗的風景，還需美麗的靈魂相襯 ⸺⸺⸺⸺⸺ 4

作者序　用貓的視角看摩洛哥的起落，看曾經的得意和失落 ⸺ 6

● ● ● ●

01 摩洛哥的貓
牠們沉思的眼神，
好像在「放空」 ⸺⸺⸺⸺⸺ 8

02 拉巴特的貓
貓比人們懂得藏「卓」，
懂得如何「裝傻」 ⸺⸺⸺⸺ 12

03 塞拉的貓
在瞇眼打盹之間
看淡成敗得失 ⸺⸺⸺⸺⸺ 18

04 塞拉的貓
有一種冷眼看世道的世故 22

05 坦吉爾的貓
搞藝術的人，
心中的最佳貓麻豆 ⸺⸺⸺ 28

06 坦吉爾的貓
如果貓也懂得禪意，
多半都是高僧等級 ⸺⸺⸺ 34

07 得土安的貓
比較會看人臉色，
比較懂得保護自己 ⸺⸺⸺ 38

08 得土安的貓
不在乎人們怎麼看牠們？ 46

09 蕭安的貓
滿城藍色的的蕭安，
卻從未見過藍色的貓 ⸺⸺ 54

10 蕭安的貓
據說在摩洛哥，貓額頭上的花
紋是穆罕默德的指痕 ⸺⸺ 60

11 蕭安的貓
「自私」是喵星人獨善其身的
生存哲學 ⸺⸺⸺⸺⸺ 68

12 蕭安的貓
Curiosity Killed The Cat ⸺ 76

13 蕭安的貓
人類哪有可能出現超人，
貓族也一樣 ⸺⸺⸺⸺⸺ 82

14 菲斯的貓
想在菲斯遇見貓，
靠運氣也要靠緣分 ⸺⸺⸺ 90

15 菲斯的貓
終於在內賈林廣場，
發現難得一見的貓 ⸺⸺⸺ 96

16 穆萊伊德里斯聖城的貓
到底是貓脾氣不好，
還是我太過於隨性 ⸺⸺ 104

17 佛露比里斯遺址的貓
人不懂貓，才會覺得
貓不太愛理人 ————— 108

18 梅內克斯的貓
在梅內克斯發現神奇的
「綠光貓」？ ————— 114

19 梅內克斯的貓
梅內克斯的藍貓與男孩！ 118

20 梅內克斯的貓
為什麼梅內克斯
不能是一座貓城？ ————— 124

21 梅內克斯的貓
彷彿揮手向人道別的梅內克斯
花貓—Bon Voyage ————— 130

22 梅內克斯的貓
貓在車頂上練習瑜珈 136

23 撒哈拉的貓
撒哈拉竟然有貓，
但同樣嗜睡 ————— 140

24 撒哈拉的偽貓
麥麥是一隻被貓兒認證的
大耳狐 ————— 146

25 愛本哈度城寨的貓
原來真有 B612 星球，
而且還有一對情侶貓！ 152

26 馬拉喀什的貓
在巴西亞宮看到了
馬拉喀什的第一隻貓！ 158

27 馬拉喀什的貓
傑馬艾夫納廣場的巷弄
遇見兩隻形影不離的貓 164

28 馬拉喀什的貓
貓躲到哪裡了？原來藏在柏柏
露天市集的巷弄角落 ————— 170

29 索維拉的貓
原來摩洛哥的貓
都集中在索維拉 ————— 176

30 索維拉的貓
索維拉是人類最早
正式收養貓兒的地方 ————— 182

31 索維拉的貓
索維拉是我在摩洛哥拍貓的起
點也是終點！ ————— 186

32 索維拉的貓
除了睡與吃，就是安靜的發
獃，這是禪的高境界 ————— 194

33 薩菲的貓
比較偏愛隱士的低調風格 206

34 馬札甘的貓
天使城沒有天使卻有貓 214

● ● ●

後記 那些我曾經遺漏的瞬間 ————————— 222

美麗的風景，還需美麗的靈魂相襯

對一個愛貓成癡的旅者來說，用鏡頭搜尋每個可能有貓的角落，乃尋常之事；而對一個和貓不熟的人來說，旅途上的偶遇，應該是再完美不過的邂逅場景。

我曾在日本京都西本願寺，遇見一隻在百年銀杏樹下的黑貓，老僧般地端坐凝視，看似隨著暮鼓晨鐘，卻也顯現幾分禪意。多年後意外在網友的部落格上，發現這隻銀杏樹下的黑貓，依然在寺裡打禪，每個路過的旅人，透過鏡頭和牠交會，最終不知是誰參透了誰？

和昱宏相識多年，我們的話題多半圍繞在旅行。他飽讀詩書，說起話來虛無飄渺；他遊歷世界，浪人性格始終如一；他結廬在人境，卻有自己運行的孤獨宇宙，我從未察覺，他骨子裡其實住著一隻貓的靈魂。直到他從摩洛哥捎來一張張貓照片，那猶如覓得知音、相見恨晚的炫耀，我才赫然發現，他原來始終是隻不願被馴養的浪貓。

不同於吾輩貓癡迷戀於貓的形體脾性，他用鏡頭直攝貓的靈魂，穿過或藍或綠或黃的晶體，和貓的瞳孔在鏡頭裡對焦凝視，那是他一直以來所追求的「決定性瞬間（the decisive moment）」。在摩洛哥，他意外在貓身上找到了這個瞬間。那些或坐或臥或慵懶或放空，頗富禪意的貓日常，讓旅人在魔幻繽紛的北非色調裡，不致迷失方向。

　　旅途歸來，才是和自己對話的開始，抽離了興奮驚奇、疲勞困頓，留在大腦海馬迴裡的記憶有幾分真實幾分混沌，昱宏習慣用書寫爬梳每個細節，旅途的每一個瞬間縱然無法重建，卻可以透過文字與攝像重返，並賦予它新的意義。

　　美麗的風景，還需美麗的靈魂相襯，這本有魂有體又帶點迷幻的書，推薦給每個愛貓、愛旅行、愛自我追尋的人。

貓小姐

用貓的視角看摩洛哥的起落
看曾經的得意和失落

其實，我的摩洛哥之旅很一般，既沒有丟掉信用卡的狼狽，也沒什麼攀登高山的壯舉，沒有一路的躓躓，也沒有什麼驚天的際遇，更沒有什麼偉大的人生哲理，比起年輕時的旅行，摩洛哥就像是一杯冰涼的氣泡水那樣無味，但卻又讓我的腦神經明顯感到一陣的衝擊。

我的「摩洛哥之旅」就是那種平凡到不能再平凡的旅行，甚至，一開始還真的未曾出現在我的人生清單裡，因為，我想去的地方實在太多，例如我想去看看安地斯山脈，也想看看哈薩克人如何放鷹打獵，我想去亞馬遜森林看看當地原住民，也想在大溪地無所事事地呼吸……

就一般標準而言，我確實經歷過許多有趣的旅程，人生的上半場有一大部分是花在旅程上；當周遭的同學、朋友們為了贏得「第一桶金」而爆肝拼命時，我耗費了泰半的心力在路上，單身的時候更無以復加地喜歡到處閒晃，那時的我偶爾就會離職，最長的工作不到半年。

「假如生活欺騙了你，不要悲傷，不要心急，多被騙幾次就習慣了。」諸如此類的負能量話語卻也寫實得很，年紀漸長，被騙的次數一多，自然而然便忘了初衷。

　　不過，我依舊不太死心，偶爾會迴光返照地想要回到過去，該怎麼說？大概就是想在蒼茫的人生中使勁地抓住一根浮木，然後努力地游向未知的彼岸，如此才能告訴自己「我還是可以像過去那般地揮霍光陰。」然而，就是在這種有點混沌的狀態下，我去了摩洛哥，而摩洛哥也就在我的記憶之流裡占著一塊奇異的面積。

　　我從未想過我對於旅行的看法竟然因為貓兒而改變，對於一個其實之前跟貓沒有太多因緣的人而言，這樣的發展不啻是人生的重大轉折，我有個同鄉兼好友是個癡迷的貓奴，她這樣說：「要真的認識貓，養一隻貓就搞定了啊！」

　　但是我卻從沒想過養貓，即使在摩洛哥之後，也不可能養貓，再者，去過摩洛哥之後，好像也真的把貓搞懂了……

　　然而，這趟由貓當「導遊」的「摩洛哥之旅」讓我覺得摩洛哥好似一個超級的「金魚缸」，只不過缸裡游的卻是我，而在缸外看著我的卻是貓，牠們用著有點世故的眼神看著我、看著摩洛哥的潮起潮落……然後，在「金魚缸」裡的我，開始學會用「貓的視角」看摩洛哥的起落，看自己曾經的得意和失落……

摩 洛 哥 的 貓

牠們沉思的眼神
好像在「放空」

某個摩洛哥的午後，在小巷中與幾隻
貓偶遇，牠們懶洋洋地躺在地上曬著
太陽，表情十足的 pensive，看起來
若有所思，卻又有點像人們「放空」
的模樣……

其實，我不是真的愛貓者，但是在摩洛哥我卻真的愛上了貓，理由很簡單也很複雜，因為簡單的事在摩洛哥依然簡單，複雜的事到了摩洛哥卻不複雜。大概就跟貓一樣，總之，在摩洛哥的我似乎發現自己也有貓的基因，一種飄渺的況味，某種很慵懶的情懷，大概也因為如此，所以，總覺得跟摩洛哥的貓有著某種難以言詮的同盟關係，牠們的凝視就好像是我的凝視，我的心眼，似乎就是牠們的心眼。

說來神奇，對於英文單字「pensive」的領會，一開始是得益於我的英國好友 Colin，但真的頓悟卻是在摩洛哥。當我在英國時的某天，托著下巴看著窗外的花園出神，我經常這樣發獃的，原本也以為這種發獃其實很普遍，甚至覺得每個人都應該這樣的發獃，佛經上說的「真如」、「空」比之我的發獃恐怕還略遜一籌，這不該被解釋成為一種「自大」，畢竟若是人人都有佛性的說法可以被成立，那麼釋迦牟尼的發獃與尋常人等的發獃又有何差異？至於「捻花微笑」，這對於尋常人等又有何難之處？可我不想成佛，當然，也不想墮入阿鼻地獄，之於一位沒有信仰的人，上帝與佛陀對我來說都是平等的，或是說上帝與佛陀，對我而言都一樣的乏味，而且缺少必須的致命吸引力。

「you look pensive!!」這句話是 Colin 經常掛在嘴邊的口頭禪，那時我經常與 Colin 在他母親宅邸內的溫室裡看書，那小小的溫室並沒有栽種太多的植物，他的母親之所以打造那座溫室是因為單純的想要曬太陽。

「曬太陽？」我疑惑地問。

「那是英國人的嗜好。」Colin 用 pensive 的表情回答我。

但是，我真正理解「pensive」這個字，是因為摩洛哥的貓，那些摩洛哥的午後，我在小巷中與幾隻貓偶遇，牠們一樣曬著太陽─當然，牠們不在溫室裡曬太陽。

牠們的表情十足的 pensive，但是說不上來，看起來確實若有所思，卻又介於想與不想之間，而牠們那種狀似沉思的模樣，倒是有幾分像人們「放空」的表情……

長久以來，大部分人都覺得「放空」等於「心不在焉」，但我卻認為「放空」是讓腦袋休息，讓自己可以「心無旁騖」地跟內心那個自己說說話……

拉巴特的貓

貓比人們懂得藏「卓」
懂得如何「裝傻」

貓在日常生活中經常會裝作若無其
事，但其實貓在潛意識中是喜歡炫耀
的，或許有人認為貓的心機重，但我
卻認為這是貓的生存方式……

　　據說貓喜歡躡手躡腳的行走，大概是因為在進化的途徑中，依然保有之於一種野生動物的本性—悄悄地接近，然後發動奇襲攻擊獵物，但是弔詭的是在英文中所謂的時裝伸展台叫做「catwalk」，這種說法就很矛盾了，或許貓在潛意識中是喜歡炫耀的，但是在日常生活中卻又裝作若無其事，或許有人會認這就是貓的老謀深算，但我卻認為這是貓的「老成」，牠們比人類懂得如何藏「卓」，懂得如何在對自己不利的情況下，選擇「裝傻」……

　　然而，摩洛哥人似乎也有貓的這種基因—之於一個文明古國的摩洛哥，其子民卻又很低調，他們甚至不會認為自己的文化有多古老，不像某些國家明明資淺得很，但卻又愛誇誇其談自己的歷史。

　　我在摩洛哥的起點拉巴特（Rabat طاباّرـ），雖然是摩洛哥現在的首都，卻沒有太多可說之處，這並不是貶抑之言，而是就歷史的沈澱而言，拉巴特還是新的，猶如一位青少年，即使老成卻也沒有太多故事可說，但是拉巴特無論如何至少也有一個麥地那，「麥地那」指的就是所謂的老城區……但是，後來的我卻發現拉巴特這位青少年在骨子裡也有一定程度的「衰老」，麥地那就是它衰老的典範。至於拉巴特的貓？新舊對於牠們而言，顯然是一個不存在的議題。

一隻似乎是飽經滄桑的貓在塞拉一扇斑駁的門前，遙想當年。

這些年我出外旅行，喜歡像貓一樣以緩慢的速度慢慢接近目標，因此，如果能走路就不會選擇搭車，可以搭車就不會選擇搭飛機，我也不愛規劃自己的行程，即使旅程偶爾被阻斷，也不太在意，其實說是阻斷可能不盡合理，因為我的旅程始終都是以非常緩慢的步調前進，有時甚至是停頓─某種緩慢的停頓。那個午後，我趁著將斜的暖陽在塞拉路旁的小店，吃著摩洛哥的甜點，那種完全不加人工香料的餅乾一開始總讓人覺得開心，但是老實說，味道久了之後，卻有點像是嚼蠟，畢竟我是被人工香料及膨鬆劑養大的世代，已經難以理解什麼是食物的本味，甚至認為沒有加工過的食物，難以下嚥。

而被法國殖民過的摩洛哥反倒不太流行喝法式咖啡，他們喜歡喝自己的薄荷茶，入境隨俗的我也愛上這種「摩洛哥威士忌（Moroccan Whiskey）」。沖泡道地的摩洛哥薄荷茶時，要先以煮沸的開水洗淨茶葉的表面，如此可以將茶葉表面的雜質沖走，還可以降低茶葉的苦味，之後將洗淨的茶葉置入經典的 Berrad 銀壺中，Berrad 銀壺有著彎長的壺嘴，有趣的是這樣的造型跟泰國人使用的銀茶壺還有幾分類似，最後再放上白糖，摩洛哥人的飲茶方式是煮茶而非沏茶，他們將茶壺置於爐上煨煮，數分鐘之後，道地的摩洛哥薄荷茶就此誕生。

據説十九世紀中葉，法國的使節將中國的綠茶獻給了摩洛哥當時的國王，喝茶的風潮便開始在宮廷中流行起來，加上薄荷在摩洛哥是相當普遍的香料植物，於是將綠茶與薄荷放在一起飲用，逐漸成為延續至今的日常習慣，而尋常人家的庭院往往就栽種著幾株薄荷以備飲茶之需，在乾燥炎熱的氣候下，一杯薄荷茶可以有效地提振精神，因此喝薄荷茶在摩洛哥可説是上至皇室下至市井小民的全民運動。

　　摩洛哥人一天之中總要喝上幾杯薄荷茶，而且是從早餐開始喝起，窮人家的早餐往往就是一杯薄荷茶加上一片麵包。薄荷茶甚至也成為摩洛哥諺語中的主角之一，他們説「愛情如蜜一樣甜，生活如薄荷一樣澀，死亡如沙漠一樣的無情。」比較傳統的摩洛哥奉茶方式也與這個諺語有關，主人家會奉上三杯茶，分別意味著「祝福客人有甜蜜的愛情、忠告客人生活的艱辛與警醒客人生命的無常」。

　　我在塞拉路旁的小店，吃完摩洛哥甜點，點了一杯薄荷茶解膩，而站在小店對面斑駁門前的貓兒，似乎用帶點老成的眼神在提醒著我，「人生無常，要活在當下啊」……

在瞇眼打盹之間
看淡成敗得失

我在葡萄牙的里斯本看過貓為了魚骨
頭拱腰豎毛呲牙裂嘴的，也在泰國的
曼谷看過貓幫為了食物打成一團，但
從未在塞拉看過貓為了爭食而大打出
手的…

　　摩洛哥人本來就是戀舊的，法國人也摯愛戀舊的摩洛哥，為了保護這朵珍稀的北非玫瑰花，法國人近乎附庸風雅的幫這朵玫瑰花砌好了女兒牆，但法國人可能誤會了，因為這朵玫瑰花天生就在地中海岸兀自綻放，就像是 Salé（塞拉 السل ）的貓早就看過了海盜的打打殺殺一樣，牠們在意的根本不是歷史，也不是什麼關於宇宙或是世界和平的教義，若說有某種學說在摩洛哥的貓界流行的話，那定然就是墨家的「兼愛非攻」。

　　我從未在塞拉看過貓為了爭食而大打出手的，但是在葡萄牙的里斯本，我卻看過貓在街肆中為了魚骨頭拱腰豎毛呲牙裂嘴的，也在泰國的曼谷看過貓幫為了食物彼此混戰幾至頭破血流，在摩洛哥，塞拉的貓顯然和平多了，大概是海盜時期的戰國風雲早已謝幕，塞拉的貓早已看淡了世局，牠們只管瞇著眼打盹，或是蜷縮在街角夢著，或是懶洋洋地伸伸懶腰，總之，牠們提倡的是「兼愛非攻」。

　　我？我自然也是墨子一派，但卻也不這麼墨守成規，我心底小小的「麥地那」偶爾也會有脫序的演出，在摩洛哥這個十足魔幻的金魚缸裡，讓我想起了太多的過往，一邊看著街邊的芸芸眾貓，一邊叫出記憶硬碟中的檔案，就像是埃及人吞吐著水煙，記憶也隨著芸芸眾貓在塞拉的街

肆中跑跳、歇息、打盹，霎時之間在薄荷茶中慢慢地發酵……就像是島嶼從退潮中顯露出來，塞拉的海風將街道封存，我的記憶之島在街道中與貓兒一起流竄，它們偶爾顯露、偶爾隱晦、偶爾不知所蹤。

我得承認，我不太思考為何會選擇到摩洛哥「出走」的原因，總之，說是必然的偶然也好，說是偶然的必然也罷，驀然之間，也了解在自己的「小宇宙」裡，其實很早就存在一個「麥地那」─這大概就是所謂的「初老症狀」，一般人過了三十歲以後，都會出現的這種症候群─何況三十歲已經離我很遙遠了。

在我這個年紀，所有在網路上流傳的「初老症狀」我都具備：「越近的事情越容易忘記，越久以前的事情反而越是記得」、「總是把『重要的東西』放在『重要的地方』，然後把那個『重要的地方』徹底忘記」、「躺在沙發看八點檔連續劇 30 分鐘就會開始熟睡」……面對這些「初老症狀」或許就是我這些年喜歡四處「出走」的原因（雖然，其實我的出走從年輕時就已經開始），不論是「出走」到摩洛哥也好，或是到智利、冰島也行，最初目的就是想把原本潛藏在內心那個年輕的叛逆因子，透過「出走」將時間凍結在最青春無敵的那一瞬間。雖然知道這幾乎是一項不可能的任務。

塞 拉 的 貓

有一種冷眼看世道的世故

塞拉的貓怎麼看都有一種淡淡的冷
靜，彷彿早就淡忘了過去，什麼煙花
般的過往大概都跟牠們無涉了，老實
說，身為人類的我們，很難達到這樣
的境界。

塞拉生得小巧，它不像拉巴特那樣的繁華，與其他大城或麥地那相比更顯得促狹，但是身為舊時的海盜大本營，無論如何都有一種「莊嚴」的成分—某種帶著血腥的莊嚴。

我依舊在塞拉的小巷中穿梭，塞拉的眾生相或是眾貓相迤邐著，貓兒或坐、或臥、或者打哈欠、或者慢條斯理地踱步，人們照舊熙熙攘攘地過活，麵包店、肉販或是雜貨店等等不一而足，小街上並沒有什麼人聲鼎沸的熱鬧，一種屬於麥地那的懷舊風情淺淺地飄散著，也說不上什麼特別，因為這類「復古」風景在整個摩洛哥，似乎都以這樣的狀態平均地分布著。

塞拉曾是海盜的根據地，會捕鼠的貓往往是水手及海盜們的得力助手，海盜們風塵僕僕地選擇在塞拉落腳，貓兒也就跟著留了下來。十七世紀是塞拉輝煌的海盜時期，當時的海盜有三股主要勢力，一是來自於西班牙的安達魯西亞，二是摩洛哥本土的柏柏人，三則是歐洲各地的亡命之徒。塞拉的貓，或許也有著三股不同的基因—西班牙的拉丁熱情、柏柏的飽經風霜、歐陸的狂妄，說穿了塞拉的貓社群是一種聯合組織，只不過貓並不流行亡命，牠們只想享受午後恬靜的海風。

簡單來說，塞拉的貓三種基因或許各有各的個性，但對牠們來說，不變的還是慵懶的本質。

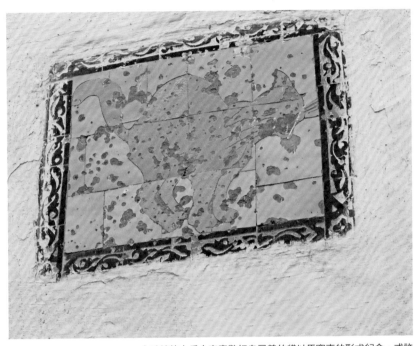

以前的大戶人家喜歡把自己養的貓以馬賽克的形式紀念，或許他們要用這種方式，將自己的愛貓定格在最年輕可愛的時候。

　　塞拉的貓或許也看盡了幾百年來的打打殺殺，因此似乎也比其他地區的貓來得世故，聽說人類的雙親會將關於悲慘的記憶遺傳給孩子，或許貓的世界也是如此，總之，塞拉的貓怎麼看都有一種淡淡的冷靜，彷彿早就淡忘了過去，於是當下的牠們只是靜靜地看著遠方，什麼煙花般的過往大概都跟牠們無涉了，老實說，我很羨慕這樣的境界。

◢ 對貓談琴？

塞拉的祖孫，他們演奏的是傳統的摩洛哥音樂，聽起來有點類似撒哈拉地帶的格納瓦音樂，所使用的樂器也吻合，只可惜街角的貓大概已經聽膩了，牠們完全無動於衷。

▲ 拉巴特除了塞拉以外的城區,實在太過喧囂,並不太適合閒散的貓兒逗留。

「有人就有江湖」這句亙古不變的醒世格言在任何地方都適用,但這畢竟還是心境上的問題,我之所以出走到摩洛哥的部分原因,也是想要短暫地離開「江湖」,只不過離開了那個江湖,沒想到卻又投入了另一個江湖。

幸運的是摩洛哥的「江湖」風平浪靜,多半是一些看慣風風雨雨的貓兒在巷弄裡回憶過往,有點像是白頭宮女話當年一般,大概也因為如此,我很難不平靜下來,總覺得鐘擺的速度變慢了,慢慢地,我在短暫之間進入了摩洛哥這個十足異國味的江湖。

坦吉爾的貓

搞藝術的人
心中的最佳貓麻豆

坦吉爾的貓似乎比其他摩洛哥的貓更愛鎂光燈，路旁的小矮牆之下就是懸崖，但是坦吉爾的貓為了成為藝術家的鏡頭捕捉對象，似乎毫無畏懼。

站在坦吉爾（Tangierطنجة）的任一處屋頂，西班牙就近在咫尺，但我卻沒有在這裡的屋頂看見一隻貓，這實在詭異至極，屋頂上的貓不就是常見的風景嗎？

何況是在貓之國度摩洛哥，或許是因為坦吉爾的貓不喜歡風的吹拂，又或者來自於西班牙的風勾起了什麼悲傷的回憶、亙古的鄉愁，以及不堪回首的往事？

坦吉爾是非洲大陸最靠近歐洲的地方，只需要半小時的船程，就可以從非洲抵達歐洲，直布羅陀海峽的最窄處只有 15 公里左右，在小說《牧羊少年奇幻之旅》中的牧羊男孩就是在此地登陸非洲大地，之後展開他的撒哈拉探險。

自古以來，坦吉爾就是兵家必爭之地，在紛亂的歷史中則是間諜、投機客、藝術家流連忘返的所在，一直到二次大戰後，她都維持著撲朔迷離的身世。

不說可能很少人知道，法國、英國、西班牙、德國等國家都在這裡有著許許多多的地下情報機構，嚴格說起來，這裡才是真正的《北非諜影》所在地，電影中的卡薩布蘭加比起現實世界中的坦吉爾根本就是小巫見大巫。

▲ 坦吉爾的麥地那總是嬉戲的孩童的天堂

在摩洛哥，攝影成為某種禁忌，尤其是對上了年紀的老人
或是女人而言更是如此，不太清楚他們忌諱的是什麼，或
許跟伊斯蘭不立偶像的教義有關，又或者只是民族性使然。
但是大多數情況下，拍攝小孩與貓，則沒有這樣的禁忌，
因為攝影的困難，我在摩洛哥的拍照也被迫變得也很拘謹。

　　秉性慵懶的貓大概也對這些政治不感興趣吧！倒是前進坦吉爾的藝
術家都跟貓兒搭上了關係，其中最有名的應該就是 Henri Matisse（馬蒂
斯），馬蒂斯是個愛貓的畫家，貓常出現在他的畫作裡，1912 ～ 1913
年間馬蒂斯曾蟄居於坦吉爾七個多月，在這七個多月中創作了 24 幅油
畫，還有許多素描作品，愛貓的馬蒂斯當然不會放棄與坦吉爾的貓在海
風中與陽光裡相遇的機會。

有趣的是，似乎藝術家都偏愛貓勝過於狗，畢卡索愛貓、達利也愛貓、米羅也愛貓，似乎貓的天性比較接近藝術家的性格，善嫉、自我、狂妄、喜歡陷入冥想，這或許就是藝術家與貓之間的默契。

一開始我的摩洛哥之旅讓我有點難以適應，畢竟過去所篤信的「時間語言」到了摩洛哥竟然無緣無故地轉了個彎。

倒也不是難以釋懷，而是未曾想過事情竟然是如此地發展，更直白來說，摩洛哥幾乎改變了我對於藝術的看法，這塊土地令我感到可畏！

摩洛哥朋友阿布喜歡以「藝術家」稱呼我，但「藝術家」這個專有名詞對於我而言是個極大負擔，甚至是生命中不能承受之重。

某方面我確實從事藝術相關工作，包含教學、創作、出版、講座等，大概都可以被劃入藝術的領域，但實際上並非完全以藝術維生—基本上我只是個教師。

最重要的是所謂的「藝術家」往往也隱含著在個性上有著執拗的成分，對於某些人而言，這種成分是缺陷，但是對於另外一種人而言，這種成分卻是個足以拿來炫耀的亮點，我比較相信的是前者，這種「相信」大概也符合一般人對於藝術家的認知。

然而，與馬蒂斯、畢卡索、米羅、達利等偉大的藝術家相較，我當然只能是個販夫走卒，甚至連「藝術」都摸不到邊呢！更別說是所謂的「藝術家」。

　　老實說，我心底對於「藝術家」三個字是很排斥的。已過不惑之年的我，其實最想要的還是保有心中那塊小小的「麥地那」。

　　即使旁人說我幼稚或是狂妄，我真的也不太介意，記得有回我被當時的主管指責「不夠社會化」，心裡竊喜地想著：「原來我還有赤子之心呢！」

　　最近有位學生送了他自己創作的手機殼給我，手機殼上除了壓花藝術令人感到欣喜之外，他用燙金的字寫著「If you hate me, I don't really care. I don't live to please you.」

　　那位學生笑著說道：「老師，這段話是特別為你寫的！」

　　而我既沒有承認也沒有否認，因為，我活著真的不是為了取悅任何人，因此我真的不在乎別人怎麼看我。

坦吉爾的貓

如果貓也懂得禪意
多半都是高僧等級

坦吉爾的貓,並不會像人一樣去在乎
什麼「決定性的瞬間」,如此也就不
會衍生所謂「得失之心」……我在坦
吉爾按下快門的瞬間,想到的竟是貓
與禪意……。

　　來自於直布羅陀的海風既不冷冽也不刺痛，大概因為如此，坦吉爾的貓比塞拉的貓還要孑然一身，倒也不是什麼孤傲，而是牠們就是成天趴在城垛上、街肆中或是老城的角落裡，反正就是趁著太陽尚未完全落幕之前，徜徉在和煦的陽光當中，但是，奇怪的是屋頂對牠們而言，完全沒有吸引力，我依舊沒在坦吉爾屋頂上看過一隻貓。

　　主張決定性瞬間（The Decisive Moment）的 Henri Cartier-Bresson（布列松）也愛貓，拍了不少 20 世紀的名人與他們的貓；他在 1933 年造訪過摩洛哥，只不過從現在檔案中似乎找不到布列松曾經在摩洛哥拍過貓的證據，但這回事大概也不重要，摩洛哥的貓壓根兒也不會在意這種事情，因為在這，其實每個瞬間都非關決定性—坦吉爾的貓尤其如此，就是因為這樣，不管是摩洛哥的人或是貓，大概都分不清「這個瞬間」與「下個瞬間」的決定性到底有何差別？至少我是這樣認為，我想當時身在摩洛哥的布列松應該也是這樣想的。

　　布列松的「決定性瞬間」，主張攝影者的心靈與視神經及手部的神經需在同一軸線上，這樣才有可能真的捕捉到決定性瞬間，這種說法乍看之下很合理，但是到了摩洛哥卻又不怎麼管用，多半是因為摩洛哥的「決定」與「瞬間」往往各自為政，日子一久反倒覺得什麼瞬間的理論有些多餘，不知道這算不算是一種妥協？老實說，我對於攝影這回事在

摩洛哥有了全新的體悟，或者説這對於曾經潛心研究攝影美學的我，其實是個重大的打擊。

以前，總會帶著相機在路上踱步，在底片機的時代裡，如果是在旅途中，我很規律的二至三天拍一卷黑白底片（偏愛德國的 Agfa APX100），只不過我的拍照速率降低很多，往往一卷黑白底片可以拍上一個月以上，至於數位相機？我偶爾也使用，但隨著年紀越來越大之後，使用的頻率也就越頻繁了。

我的很多想法其實都是在舉步之間想到的，總以為人類的大腦在行進間往往會有比較模糊的邏輯，這種模糊比較適合思考，相對於所謂的虛無，摩洛哥的狀態可能更難解，對於我這個異鄉人而言，摩洛哥既實有卻也空洞。

相較於人類，坦吉爾的貓似乎更懂得禪意，對於牠們而言「飢餓而食、困頓而眠」才是貓兒的頓悟。很多攝影者認為「決定性的瞬間」是所有成敗的關鍵，但這種「理論」在坦吉爾的貓的身上卻完全看不到，對於牠們來說「該吃飯的時候就吃飯、該睡覺的時候就睡覺」就是牠們的「人生」，不，應該説是「貓生」。

得土安的貓

比較會看人臉色
比較懂得保護自己

一隻消瘦的黑貓在得土安的綠門之前，用尖銳的眼神警戒著，一般人們可能覺得黑貓陰險，但據說黑貓其實很溫和，也愛撒嬌，牠們只是用「陰險」的外表來武裝自己。

摩洛哥的已故國王哈珊二世説：「摩洛哥像一棵大樹，根部深植非洲土壤，枝葉卻呼吸著歐洲吹來的微風。」

此話説的不假，但卻也未能道盡摩洛哥的本相。因為摩洛哥儼然就是一座孤島，這孤島既不在歐洲，也不在非洲，它既有猶太與基督教的樣貌，卻在大多數情況下堅持著伊斯蘭的戒規，它像是一隻溫馴的家貓，但是卻又保有野貓肆意妄為的嬉鬧─它是一座漂浮在地中海與大西洋之間的奇幻島嶼。

Tétouan 在柏柏語中意為「眼睛」，這説法很適合得土安，得土安就像是一雙甜白色的眼睛看著地中海，16 世紀之後，許多猶太人被信奉天主教的西班牙統治者逐出伊比利半島，他們帶著西班牙的日常，最後在得土安（Tétouanتطوان）落下，關於西班牙故土的一切就這樣地在摩洛哥生根，因此，得土安有「格拉納達女兒」的稱號。

格拉納達是西班牙南方的一座大城，那裡至今仍保有一座美麗的摩爾城堡，得土安的發展也得利於這批從格拉納達逃離西班牙的政治難民，因此，得土安的許多風景與西班牙的安達魯西亞地區十分雷同。

得土安的貓，在白色的烘托下，好似帶著仙風道骨，
彷彿牠們都是孤島島主，整日與落英繽紛相伴。

▲得土安的女孩們是最佳麻豆
摩洛哥人融合了北非柏柏人的
剛毅與歐洲人的深邃，就人像
攝影而言，摩洛哥確實是一座
沒有屋頂的攝影棚。

得土安以白色聞名，整座城的顏色盡皆是溫潤的白色，這種白色有點像是中國瓷器史上所稱的甜白。

　　若説塞拉的貓過於老成、坦吉爾的貓太過慵懶，那麼，或許得土安的貓介於兩者之間。牠們就像是甜白色的瓷器那般的溫潤，儘管帶著隨遇而安的釉色，卻又光影可鑑，整座甜白色的山城剛好生養出得土安安逸的貓兒。

　　突然之間，我以為得土安有點像是寮國湄公河的河中島，兩者都有那種遺世獨立的況味。我記得河中島上有著「暮鐘晨鼓」，這與我們顛倒的邏輯卻又很天然地在那塊地域裡發散著—如同得土安一般，我猜島上的地心引力或許異於其他地方，該是造物主在那裡設下了緩慢的旋律，就那樣，連快跑或是疾行在當地都是一種不該出現的動作，關於地心引力的部分，得土安又與寮國的河中島有著完美的相似。

▲得土安的貓三三兩兩地躺在巷弄裡。

　　河中島的清早，島上的生活由僧侶們敲奏的鼓聲揭開了序幕，對於僧侶而言，或許一天與一年的刻度其實是一樣的，不同的可能只是器官的日漸老化，或者是智慧逐漸的沉積，於是，那幾個清晨裡，我實在分不清鼓聲之間的差別。至於島上的人們，一早他們群聚在某戶人家裡，那是因為該戶人家有著難得的電視機，那平凡到不能再平凡的家電裝置卻是島上的無價之寶。至於得土安是不是也藏著什麼無價之寶，卻是一個很難得到解答的問題，如果要説有的話，那麼得土安的貓或許可以算是。

或許，有人會認為得土安的貓有點慵懶又有點老成，有點世故又有點滑頭，但我卻認為牠們只是比較會看人臉色—我始終相信貓的個性與人的個性應該也有雷同之處，簡單言之，得土安的貓比較懂得保護自己，也就是在該慵懶的時候就慵懶，在該正經的時候就正經，懂得跟這個大環境妥協，懂得跟牠有利害關係的事情妥協，最重要的是懂得跟自己的執著妥協，這種跟自己執著「妥協」的勇氣，是很多人花了一輩子時間也無法擁有的，所以很多人才會一直陷入「我執」的泥淖之中。

　　我相信每個人都有甜白的基因，這種甜白的基因也不會因為初老或是真的衰老了而消失，如果用「大人者不失其赤子之心」來形容可能不算真的貼切，但似乎又找不到更好的說法。「甜白瓷」是明朝永樂年間的薄胎絕品，它也好像是世人所擁有的人性一般，看似光影可鑑，實際上卻是經過千錘百鍊才能燒成，然而，得土安的貓雖老成卻也知道老成有其可能存在的問題，牠們確實慵懶，但也清楚太過慵懶的弊病，就好像是處於某種進退維谷之間，這又有點像人們都知道自己的毛病在哪裡，卻往往非得等到萬不得已的時候，才會去調整和修正自己的缺點，而貓兒跟人們不一樣的地方是，牠們知道怎麼去走自己的「貓生」，但是人們卻只是消極地相信「生命會找到自己的出口」。

得土安的貓

不在乎人們怎麼看牠們？

我們往往很在乎別人怎麼看自己？如何形容自己？有不虞之譽，有求全之毀，其實，世道本來就無常顛倒，在乎別人的看法，還不如鍛鍊自己看自己的能力。

不知為何，得土安的貓似乎比塞拉或是坦吉爾來得多，原來在塞拉與坦吉爾偶遇的貓，到了得土安似乎成為必然的相遇，幾乎每條巷弄，貓兒皆如影隨形。只不過我從未在白色山城得土安看過任何一隻純白色的貓，牠們的身上總帶著或多或少的花色，似乎唯有那樣才能證明牠們也擁有斑駁的歷史。

我倒也見過好些純黑色的黑貓在得土安的街弄閒晃，牠們的黑可就黑得頗為徹底了，並不是用曜變天目可以形容，況且曜變天目自宋朝之後存世，寥寥無幾。

得土安的黑貓是瘦黑，而且多半也飽經風霜，我很少見到這些黑貓有著瀏亮的毛色，儘管摩洛哥各地的貓多半衣食無缺，但偏偏這些貓兒喜歡闖蕩江湖，久而久之，很難出現身材豐腴的樣子，說不定牠們也認為豐腴是種累贅吧！我猜。

這樣說來，其實肥貓在摩洛哥確實不多見，在這座奇異的島嶼上，貓長得多半清瘦，頂多說是健壯，至於肥胖？那真是少見的，我只在海邊的古城索維拉見過，大概是因為那裡的海鮮讓貓兒消瘦不下來。

▲ 得土安的小帥哥與黑貓，摩洛哥的孩童
普遍不懼鏡頭，他們與貓兒一樣從容。

▲ 全家福的貓場景在摩洛哥各地不算是少見。

▲ 市集裡的貓不知道是否也懂得如何討價還價？牠們顯然也顧不得什麼人間道理，最重要的工作大概就是飽食遨遊。

▲ 得土安的一對清瘦黑貓母子。

　　以前我對貓並沒有太多研究，只知道狗是色盲這回事，但是對於貓是否也是色盲就不太清楚了，後來自己做了一點考證，原來貓的視網膜類似人類的視網膜，只不過與人類相較，貓的視網膜較為簡單，據說貓能辨別藍色與綠色，無法辨識紅色與橘色，至於更為細緻的色階就更無法辨認了。

得土安是一座非常西班牙的山城，其建築形式
充分體現了西班牙安達魯西亞地區的風格。

一對貓母子就在門口，貓媽媽又讓我想起關於宋
代建盞上的兔毫，小貓倒是一臉疑惑地看著我。

直白地説吧！雖然貓看得到部分顏色，但顏色對於貓而言不太重要，而且貓並沒有視覺障礙，就因為結構較為簡單，貓反而對於移動中的物體及其對比色要比人類還敏感呢！

當我在得土安，理所當然地以自己的視網膜和自己的角度看待貓，殊不知原來貓根本不在乎牠在我們人類的眼中，到底是「圓的」還是「扁的」？到底是「黑的」還是「白的」？那些關於顏色或是身材的看法對於貓並不太重要，都是我們人類自己的成見。

在摩洛哥的旅途中，偶爾也會想起與貓相關的詞彙，最常用的大概就是「肥貓」一詞吧！一如我剛剛所講的，摩洛哥的肥貓不多，至於身為人的「肥貓」我就不是那麼清楚。在我的職業生涯中，確實也見過許多肥貓，或許用肥貓這兩個字來定義某些人未必精確，因為，的確也有會抓老鼠的肥貓，只不過這類肥貓確實是少數中的少數，至於摩洛哥的貓則根本不流行肥胖。

過了初老階段之後，不管是生理上或是職場上，「肥」成了很難避免的惡夢，前者是因為新陳代謝日漸趨緩，後者則是利害關係使然，兩者都不是令人感到開心的結果，而身為人類的我，往往也只能消極的接受。

一對貓母子在得土安的巷弄裡安睡著，一起夢想。

蕭安的貓

滿城藍色的的蕭安
卻從未見過藍色的貓

蕭安的藍與猶太人有關，但是猶太人
愛貓的程度似乎又不如伊斯蘭，總之
我未曾在蕭安看過藍貓，但無論如
何，蕭安的貓才是蕭安的真正主角。

▲白天裡的蕭安儘管迷人，但是多了人聲鼎沸的缺點，想要找個清淨的場景是有其困難的，尤其在中午時分連貓也不見蹤影。

Chefchaouen 又被稱為 Chaouen，中文一般來説翻譯為契夫蕭安、蕭安，不過對岸似乎喜歡稱它為舍夫沙萬，翻譯講究的是信、達、美，理論上無論怎麼翻譯，蕭安的元神無法被還原出來，就像是青花瓷在英文中被稱之為「blue-and-white」，在日文中則被稱之為「染付」。然而，不管是英文或是日文都不可能傳神的遞送關於青花瓷的韻味。

如果真要形容蕭安的藍，實際上也是有困難的，因為這不僅牽涉到精準的定義，也跟時間有關，如果我們拿瓷器來形容，那麼關於釉料的不同當然也會產生不同的花色，例如蘇麻離鈷料與平等青不會相同，釉上彩或是釉下彩也絕對互異，至於溫度的控制更是千變萬化，其實這種瓷器上的說法並沒有扯遠，蕭安的美源自於她的滄桑，這種與青花瓷一樣不會褪色的美，主宰著蕭安的日夜晨昏。

至於蕭安的貓？我從未見過藍色的，我當然知道世界上有一種叫做俄羅斯藍貓的貓，我的澳洲好友 Peter 家中就養了兩隻俄羅斯藍貓，只不過號稱藍色的貓，其毛色頂多只能說是灰藍色的，嚴格講起來應該是灰色。我對於俄羅斯藍貓的感覺倒不在於其是否為藍色，而是這種貓天生就像貴族一樣，牠們似乎喜歡睥睨人類，出現時就好像自己是救世主那般的偉大，對於俄羅斯藍貓也說不上是討厭，畢竟這還是某種遺傳所導致的，牠們的天性如此，大概也就無所謂矯正的問題了。

蕭安的貓不講究血統，牠們天生一派自然，大概也對於什麼證書之類的虛榮不感興趣，最重要的是牠們一點都不像是貴族那般高傲。

老實說，我有點好奇，是否蕭安的藍色帶給貓兒什麼樣的影響？

▲ 夜間的蕭安是個靜謐的所在,蕭安的貓在藍
色燈光的掩映之下,有種獨到的奇幻魅力。

　　蕭安之所以被染成了藍色是因為猶太人的關係,蕭安的居民來自於幾百年前被西班牙統治者逐出伊比利半島的猶太人與摩爾人(信奉伊斯蘭教的北非柏柏人),聽說在 1930 年代時,猶太人開始以藍色粉刷這座山城,藍色在猶太教中象徵了神與大海,猶太人藉由這種形式弔念他們的祖先,這或許與後周世宗柴榮所說的「雨過天青雲破處,這般顏色作將來」有著異曲同工之妙。

蕭安當然不是什麼稀世的汝窯，即使它也有著面如玉的特徵，但是我始終覺得青花瓷顯然更適合用來形容它，至於蕭安的貓兒？或許日文中的「染付」多少能描寫貓兒的詩意，染者以青料繪製，付即紋飾，雖然蕭安的貓兒沒有一隻是青色的。

　　藍色對於不同的民族有不同的定義，猶太人嚮往藍色，認為藍色是大海與神的化身，但是在英文中，藍色卻與負面意義相關，例如精神上的失落或是色情，或許這是約定俗成的問題，或者這跟符號學相關，我偶爾認為如果人與貓都只能辨別黑色與白色，其實也沒有什麼不好，非黑即白的邏輯，簡化的世界，遠比作繭自縛要好些，而且，說不定因此，貓與人的境界會更加靠近，說不定如此一來，貓與人僅僅透過注視也能互相溝通。

　　但這畢竟還是幻想，人永遠不會成為簡單邏輯下的產物，人永遠是很複雜的，就像是馬克思所說的「人是所有社會關係的總和」—我從來不曾懷疑過這個說法。總之，人的視角永遠無法與貓同步，貓永遠是貓，而人永遠還是人。

蕭安的貓

據說在摩洛哥，貓額頭上的花紋是穆罕默德的指痕

伊斯蘭世界對貓的禮遇大概已經遠遠超過我們的想像……或許是因為蕭安的貓曾受過穆罕默德的垂憐，牠們似乎也比其他地方的貓更喜歡打盹或是安睡。

　　我的澳洲好友 Dr. Peter Shepherd 也曾經這樣問我「當你凝視那些動物時，你是否認為牠們對你也有感應？」感應？我想這是一定有的，但是，是哪一種感應？或是說哪一種程度的感應？我猜我永遠無法得知。

　　我之所以去摩洛哥，其實完全不是為了貓兒而去的，摩洛哥的古老底蘊才是我的初衷，老實說摩洛哥的美，實在有太多的選擇，甚至有些沒有地名的所在，才是真正撼動人心的地方。

　　例如山間土路旁的小村，黃土夯成的聚落樸實地散著土地的光芒，至於蕭安則是因為那裡有著滿城的藍色，光是這點就足以讓人翻山越嶺地前去朝拜，我之於一位旅者，當然也是為了藍色而去的。

　　只不過，山城的貓兒最後盤據了我的視線，那短暫的山城索居，我與滿城的貓兒成為朋友，至少我是這樣認為的。遠近馳名的山城，滿是各地慕名前往的遊客，至於貓兒？牠們果然不可能準時現身，當然，我不確定當我按下快門時，蕭安的貓是否已察覺？

　　總之，在蕭安按下的每次快門都是令人驚艷的靈光乍現，一時之間蕭安的日光似乎為了我而特別延長了。

絕大多數的人誤以為攝影是一種體現空間的藝術，但在我的攝影模型裡，我寧願相信攝影是一種以時間去定義運動定律的藝術，在去摩洛哥之前，我還是這樣相信，去了摩洛哥之後，我倒也沒有完全推翻這個看法，大概就是調整比例的問題。若把時間當做主角，則這種定義方式已經將先驗值涵蓋在內，例如蕭安的貓的凝視與我的凝視在決定性的某個瞬間相遇，這部分是因為偶然與巧合，部分卻也鎔鑄了刻意與安排，總之，這是一道難解的時間方程式。

　　是的，我以為的時間原則最後在摩洛哥得到了修正，雖然，上述關於時間的說法大致不變，但是在摩洛哥這個超級露天的「金魚缸」裡，空間自然而然成為左右時間的重要軸線，而且我從未經驗過類似的場域，某種程度而言，摩洛哥是一場無聲的震撼教育，負責教育我的則是一大群的貓兒。

　　去摩洛哥之後的我，可以正確地回答 Dr. Peter Shepherd 的問題，附帶一提的是 Dr. Peter Shepherd 是一位退休的教授，之於一位學有專精的學者，他的視角總讓我感到驚訝，我甚至認為他的凝視也有某種的深邃，如同蕭安的貓那樣，而且，我確信 Dr. Peter Shepherd 也很樂意我這樣形容他的凝視。

▲ 得土安的門大致上都是綠色的，那是因為綠色是伊斯蘭的正色，
而蕭安的門則都是藍色的─僅管猶太人多半已經離開了蕭安。

▲ 蕭安的貓隨時都能安穩入夢

感覺上蕭安的貓比坦吉爾的貓更有禪意，牠們似乎
無時無地都能安穩地睡著。據說虎斑貓的個性相當
謹慎，其警戒心也很強，個性活潑，也很黏人。

在中國歷史上有所謂的「斷袖之癖」，說的是漢哀帝與其寵臣董賢的故事，在伊斯蘭世界中也有所謂的「斷袖」，但這等感情不是發生在人與人之間，而是發生在穆罕默德與他的貓之間；此外，穆罕默德的門徒阿布胡（Abu Hurairah）每天餵養清真寺附近的貓兒，最後還在伊斯蘭歷史上留下了「小貓照顧者」的名號。

據說在摩洛哥，貓額頭上紋路是「穆罕默德的指痕」，伊斯蘭世界對貓的禮遇大概已經遠遠超過我們的想像，例如穆罕默德禁止穆斯林虐待貓兒，貓吃過的食物被視為 Halal（即所謂的清真），貓兒喝過的水也被允許用於祈禱之前的淨禮，這般地備受榮寵大概比印度的牛還牛，相較於貓兒如雲一般的超高規格待遇，伊斯蘭世界的狗便是泥一般的處境了，穆罕默德曾說：「天使不會進入有狗或掛著畫像的房子。」，比起象徵純潔的貓，狗則成為不潔的代表，人的餐具如果被狗舔過，必須清洗過七次方能再使用，大概是因為這樣的歧視，所以在摩洛哥根本看不到有人把狗當做是寵物。

或許是因為蕭安的貓都曾受過穆罕默德的垂憐，牠們似乎也比其他地方的貓更喜歡打盹或是安睡，於是，整座山城可能都在貓的夢囈中襲染了藍色的淡淡光亮。

我倒是比較擔心小貓兒，有些小
貓兒看起來就是弱不禁風的模樣。

▲ 這隻小黑貓睡的熟，即使我就在咫尺，牠依然不動如山的睡著。

　　託穆罕默德的福氣，整個伊斯蘭世界愛貓勝過於愛狗，狗的無妄之災也因為伊斯蘭的擴張而得到更大的貶抑，想來實在是莞爾，沒想到文明的衝突竟然活生生的也將貓與狗給扯了進去。

　　雖然說貓狗基本上不睦，但是我卻也看過形影不離的貓與狗，該怎麼說？有人就有江湖，有江湖就有恩怨，排解恩怨最後還是得靠人，不曉得這個邏輯運用在貓身上是否也適合？

11

蕭安的貓

「自私」是喵星人
獨善其身的生存哲學

儘管貓兒偶爾群聚、經常打打鬧鬧，
但這種偶爾的關係卻無法跟歃血為盟
畫上等號，所有的貓都是自私的，不
管是左派還是右派，牠們都是獨立派。

▲ 蕭安的手工藝紡織品相當興盛，且歷久不衰，貓兒似乎也喜歡蕭安的款式。

　　不管蕭安的人間如何，貓卻沒有四季的問題，海拔六百公尺的蕭安儘管在冬季稍嫌冷冽，不似坦吉爾濱著海洋，在里夫（Rif）山脈下的蕭安似乎沒有太多的選擇，大概也是因為如此，這一帶的起伏山脈裡，自古就藏著一些堅忍不拔的人類，例如柏柏人當年對抗西班牙人統治時，綠林豪傑們多半都藏身於此。

　　我發現，從貓身上是讀不出什麼國仇家恨或是興衰歷史的，只要能夠溫飽、足夠安睡，貓兒永遠有自己的一套生活哲學，無怪乎有人認為「狗以為自己是人，而貓以為自己是神。」

如此看來，摩洛哥的「神」的數量至少也有數萬，至於在蕭安的「神」有多少？我沒有時間細數，不過可以確定的是，蕭安的人口大約有三萬六千多人。然而，在這座藍色孤獨的星球上，貓儼然才是真正的統治者，牠們無時無刻地出現、消失、又再出現，牠們未必睥睨人類，只是自顧自地生活。

在蕭安之前，我曾經想像蕭安有著氤氳靉靆，就是那種雲霧繚繞的氛圍，確實，蕭安的清早也有霧，只不過那種輕霧很難稱得上具有詩意，大概是因為蕭安本身的藍已經說明一切，所以大概也就不需要霧色烘托她的氣息。

蕭安的貓多，我每日見為數眾多的貓，因此也記不住誰是誰，這倒不是什麼「初老」的問題，而是根本不會有人特別去記住一隻陌生的貓，但是在蕭安的日子裡，我與一隻健碩的貓兒有過幾回「偶遇」，應該說那幾天裡，我與一位婦人還有她的那隻健碩的貓偶遇了，一開始是貓的灰色吸引了我，我覺得牠應該有著藍貓的血統。不過說是偶遇或許又有點牽強，因為那隻貓所盤據的地方剛好在我投宿之處附近，那裡又剛好僅有一條長路相通，於是不管怎麼走，我都會遇見這位婦人與她的貓兒。

▲ 這隻在柴堆上歇息的貓兒大概是我在蕭安看過最健
壯的貓了，即使在摩洛哥境內，牠也可以名列前茅。

那隻健碩的貓兒幾乎整天都趴在柴堆上，而那婦人見到了外國人總是微笑著，至於她的貓則始終有著冷靜的面容，牠的凝視尤其叫人感到困惑，彷彿比人類更為世故，彷彿牠與婦人的角色對調了，而在那柴堆上，時間也似乎停格了。

　　蕭安，凡事也都帶著那麼一點的禪意，或者說是整座山城都在莊周夢蝶的境界裡。總之，那不算僻遠的地方，那不滅的日光，時間卻好像是永遠傾頹了，還有那一對一開始便遇見的加拿大情侶，最後卻好像是從地球表面上蒸發，而這對加拿大情侶是我在蕭安的第一天偶遇的，他們還向我說起了之前在中國阿里河教英語的日子，那時曾經被公安拘捕，理由不過是因為他們在房間內貼上了達賴的照片，還有，曾在課堂上提及了臺灣，多麼神奇的相遇啊！

　　阿里河這個地方是絕大多數人不曾聽過的地方，沒想到我與他們都曾去過那裡。那對加拿大情侶在第一天之後便不見了蹤影，我問過當地人，也問過他們所投宿的店家，店家只表示他們安頓沒多久之後便去閒晃了，我在蕭安的那幾日裡，卻一直沒見到他們，於是我對於當地時間的遞變感到些許的不適，並非我真的擔心什麼，只是感到時間的荒誕性罷了。

　　我認為布列松的「決定性瞬間」是禪在影像上的體現，「決定性瞬間」像是一個篩子將荒誕的時間過濾了，這其實也很矛盾，比如遇見貓與婦人時，我是無言的。

　　至於那對加拿大情侶，我對他們的印象依舊存在，或者說他們於時間上成為一種後設的想定，然而，我對於貓與婦人的想法，始終找不到正確詮釋方法，或者，其實，詮不詮釋一點都不必要，這只不過是人們自己的庸人自擾。

　　韓非子認為人性本自私，老實說我覺得這個說法套用在貓身上可能更精確，儘管貓兒偶爾群聚、經常打打鬧鬧，但這種偶爾的關係卻無法跟歃血為盟畫上等號。

　　不容否認，所有的貓都是自私的，不管是左派還是右派，牠們都是獨立派，而且我想貓兒也斷難接受人類以「喵星人」去「錨定」牠們。

　　至於人們所使用的分類學，諸如血型、星座、紫微、生辰八字等，所有的推算大概都跟貓兒無關吧！因為無論怎麼算，貓兒永遠自以為自己是神。

蕭安的「喵星人」其實不是人而是神。

貓以為自己是神,這種望得出神的鏡頭在
蕭安不算少見,蕭安的貓似乎都若有所思。

蕭安的貓

Curiosity Killed The Cat

貓探頭探腦到底在尋找著什麼？我不
是貓，我始終不太懂貓對周遭的事物
到底在好奇什麼？貓似乎與我們同在
一個平行宇宙裡。

當然，不是只有蕭安的貓才擁有無盡的好奇心，但無論如何，沈浸於藍色的世界裡，貓的冥想或許更近一步得到某種程度的解放，說不上來，總感覺蕭安的貓想得比其他地方的貓要來得多。

這有時確實造成了我的困擾，原來專注拍人的我，到了摩洛哥之後「不得已」開始拍起了貓，倒不是說以前未曾拍過貓。而是，在摩洛哥，貓有時候等於人，拍貓也等於拍人那般，儘管觸發快門的都是直覺，但也理解到我的直覺對於貓而言，存在著些許不同。

在蕭安晃悠多時的我，很篤定的認為蕭安的貓也繼承了貓一貫的好奇，對我而言，這樣的凝視總有點超現實的調調。布列松將幾何構圖的美學放在敘事之前，這造就了他的超現實風格，我敬佩他的格調，但是對我而言，敘事總是擺在第一順位，因此很難說我的作品也有著超現實的風格。但是，超現實與否卻並非是攝影的重點，或者說其實每個人都是超現實者，只不過所採取的方式互異罷了，摩洛哥的貓理解我的說法。

這就好像是現象學中所講的那一棵櫻花，不同時間，不同角度，你所看到的永遠都是某一個「側面」，總之它不完全。於是，在蕭安的我老是想到瑞士雕塑家阿爾伯托・傑克梅第（Alberto Giacometti）以下這

段話—「現實主義在於原樣摹寫一隻杯子在桌上的樣子，而事實上你所摹寫的永遠只是它在每一瞬間所留下的影像，你永遠不可能摹寫桌上的杯子，你摹寫的是一個影像的殘餘物。當我看到一個杯子，關於它的顏色，它的外形，和它上面的光線，能夠進入我每一次注視的，只是一點點某種很難下定義的東西，這點東西可以通過一條小線，一個小點表現出來。每次我看到這個杯子的時候，它好像都在變，也就是說它的存在變得很可疑，因為它在我大腦裡的投影是可疑的、不完整的，我看它時它好像正在消失……又出現……再消失……再出現……，它正好總是處於存在與虛無之間，這也正是我們所想要摹寫的。」

　　有時候我也搞不清楚到底看到了什麼，就像是傑克梅第說的「可疑的、不完整的、正在消失、又出現、再消失、再出現、存在與虛無之間……」沒錯！我看到的確實都是某些貓，但是關於牠們的影像似乎又不斷在游移中，大概是因為我自己的關係吧！無論如何貓還是貓，而我也還是我。反倒羨慕起一些人，因為某些人可以在青少年時期便立定志向，即使就攝影而言，某些攝影者可以專注在某一主題上。而對於我來說要成為什麼樣的人？或是要成為什麼樣的攝影師？這些一直是我的人生障礙。

▲ 蕭安的歷史雖然比不上菲斯來得悠久，但整座城池卻有
著很濃厚的古意，連貓兒也流淌著一種很微妙的氣息。

《金剛經》裡説：「無我相、無人相、無眾生相、無壽者相」説的都是「無我」的四重變異，我對佛法的理解很淺，一開始總覺得如果我沒有了我，那麼何以談存在？

　　後來年紀漸長，才稍微理解「自我」的消融必須從肯定自我開始，而且這種過程並非一蹴可幾，即使是頓悟也得靠時間累積。

　　如果一個人連他自己都不認識，如何可以談「無我」？ 但諷刺的是很多人整天將「無我」掛在嘴邊，卻一點也不認識自己。

　　所謂的「無我」絕非否定自我存在的價值，因此，才有觀空必言空的説法。

　　我到底是什麼？這是很多人悟了一輩子，都悟不透的功課。

　　心理上是感知生命的靈魂，物理上大概就是指承載靈魂的身體，前者可以當做是 Y 軸，後者可以當做是 X 軸，Y 軸用以表時間，X 軸用以表空間。在兩條軸線的交叉處，便是自的存在……貓如是，人亦然。

蕭安的貓

人類哪有可能出現超人
貓族也一樣

貓把自己當神，狗把自己當成是人，
而人永遠只是人而已，但有些人卻經
常把自己當「超人」，天真地以為自
己是「救世主」可以拯救全世界。

　　儘管如此，我的摩洛哥日常生活多半還是與人為伍的，泰半的時間裡，我還是得意識到自己的存在，不能跟著貓兒一起放空，說起來我的境界畢竟還是短淺的，我放不下自己，老想著我的「時間語言」，老是尋尋覓覓於「決定性瞬間」，但卻又一直迷失在摩洛哥這個無邊的金魚缸中，記得我在希臘時經常做夢，當時還以為是自己身在神話的故鄉，因此頻繁做夢也是正常的，在摩洛哥的我卻很少做夢，即使很多證據顯示，希臘神話的很多原型來自於北非柏柏人的神話，大概是因為摩洛哥的空間已經夠超現實的，連在小巷中漫遊都有一種很迷幻的感覺，大概也是因為每日與自以為是神的貓在一起，因此也習慣了神界的幻化飄邈。貓把自己當神，狗把自己當成是人，而人永遠只是人而已，但有些人卻經常把自己當「超人」。

　　在尼采的說法裡，「超人」代表著一種理想中的完美型態，「他」可以實現人類的目標—不斷的修煉自己、無休止地探索自己，最後超越了自己。但實際上這類「超人」並不可能存在。

　　我難以想像會有一隻貓主張超越自己的，尤其在這藍色的寂寞星球上，無所事事才是王道，又有哪隻貓會願意陷入思辨的困境中？畢竟那太過於耗費心神……只不過人們一無所事事，就有莫名的焦慮，總是想透過忙著某事，來證明自己的存在。

▲ 蕭安的牆無所謂的斑駁，有的只是深淺不同的藍。

▲ 無人無貓的所在，有的只是藍色的不同漸層。

在《查拉圖斯特拉如是說》中，尼采這樣說：「從來不曾有過一個超人。我看過最偉大的人和最渺小的人的裸體，他們彼此太相像。真的，我發現連最偉大的人也太人性了。」

簡單來說，所謂的超人只是一種邏輯上可能的存在，在經驗法則的世界中，超人並不存在。

尼采把人的命運寄託在無止盡的抗衡上，既然上帝已死，人類當然得為自己的前途努力，這個道理很多人都知道，但卻很少人可以做到。

然而，為了表明超人的可行性，尼采自然而然地把某種人放在對照組裡—於是，「末人」因此應運而生，但諷刺的是我們週遭很多人都是尼采所說的這種「末人」。

可憐的「末人」被認為是沒有什麼積極的創造力，這類人只會發問卻不願意尋找解答，他們沒有什麼個性可言，渾渾噩噩地度日，稍有所得便認為是無比的幸福，或是感到所謂的「小確幸」。

但是話又說回來，沒有人是缺乏個性的，渾渾噩噩度日卻也沒有什麼不好。智者憂，巧者勞，無能者無所求，飽食而遨遊，泛若不繫之舟，這大概就是蕭安的貓的境界。

▲ 靦腆的一對蕭安青年，他們倒是有幾分像是貓一般。

▲ 一位沈思的老者

尼采似乎沒有對「老人」這個角色多有著墨，
即使人有優劣之分，但我總覺得或許滄桑的老
人自有其無法形容的境界—老貓可能更是如此。

▲蕭安有足夠魅力，但卻沒有足夠水壓，
因此多半得勞動毛驢把水馱上山城。

▲宛如走秀般的蕭安青年們，
蕭安是一座天然的 catwalk。

澳洲知名雕塑家 Tom Bass 曾說過：「藝術家其實就是一個平凡的個人，一個平凡的個人也是一個藝術家。」

以上 Tom Bass 這句話似乎有點避重就輕，但實際上卻又一針見血，應該說是每個人總是先設定好對於某事某物的定義，一旦事（物）與願違，就採取否定的態度，至於真理為何已經不重要。

在我看來所有的人都可能是「超人」，也可能都是「末人」，唯一可以確認的是所有的人，其實都只是個「凡人」罷了。

而且，有時候你覺得自己很平凡，就只是個普通人，沒想到更悲慘的是你還是有機會成為一個更特別普通的人。

我很早以前就覺得尼采不過是庸人自擾，到了蕭安這個藍色山城之後，這種很早以前就有的感覺變得更加強烈了。

因為，山城上的貓與人，都知道即使自己的存在消失了，地球的自轉速度照舊，明天的太陽依然會從東方升起，大概就是因為這樣，他們活著顯然更為超脫，至少我是這樣認為的。

菲斯的貓

想在菲斯遇見貓
靠運氣也要靠緣分

菲斯的貓蹤難尋，比起其他地方，甚至可用「邈無蹤跡」形容；幾隻同一戶家庭的貓兒聚在一起，在其他地方算是常見，但在菲斯這個城市，卻頗為珍稀。

▲ 遠眺的菲斯
中間綠色屋頂的所在地是著名的卡拉維因大學（The University of al-Qarawiyyin），看似醒目的地標，實際上很難尋獲，在無數的巷弄裡，如果沒有當地人帶路，外人即使路過也難以辨認它的存在。

　　菲斯（Fèsفاس）幾乎是我最愛的摩洛哥古城了，原因很簡單，因為它天生就帶著天方夜譚般的詩篇，在那裡可以很自然地與七百年前的工藝不期而遇，毫無造作的，就這樣陷入了北非、阿拉伯還有歐洲的混搭異國情懷裡，菲斯不像是日本的京都，遊人無需在那裡租借什麼阿拉伯長袍，因為它的空氣中早就飽含異國的迷幻風格，至於你到底穿著什麼樣式的衣服進入這座聖堂，早已無關緊要。

　　就是因為如此，歐洲人稱菲斯為「非洲的雅典」，穆斯林則稱它為「西方的麥加」、「西方的巴格達」，在中世紀歐洲的黑暗時代裡，世

界上第一座大學在菲斯誕生，十二世紀時菲斯的人口達到二十萬人，史家認為菲斯是當時世界上最大的城市。

當歐洲陷入昏迷的中世紀時，菲斯扮演著燈塔的角色，甚至間接促成了歐洲之後的文藝復興，在近代歷史裡，菲斯也是第一個反抗法國殖民的城市，1912 年的菲斯動亂造成了七百多人死亡的慘劇，也因為菲斯的桀傲不馴，法國殖民者把首都從菲斯遷往了拉巴特。

想當然爾，意興闌珊的貓兒哪管得這許多人間的煙硝，只不過在我最愛的菲斯城裡，貓兒幾乎絕跡江湖，因為菲斯有著九千多條彎曲的巷弄，貓兒或許就躲在那些巷弄裡，加上菲斯古城占地寬闊，250 公頃的面積成為世界上最大且保存最為完整的中世紀阿拉伯城市，最重要的是整座城市都是行人徒步區，照理說，這般的環境應該是喵星人的天堂，但實際上遇見貓兒的機率卻比其他地方少，這大概還是因為菲斯的巷弄實在太多，因此，不管是慧黠，或是慵懶，或是低調，或是……，總之，所有的貓兒都能好整以暇地窩在這看似迷宮的菲斯古城裡，想找到牠們絕對不是容易的一件事。

除了巷弄隱蔽之外，整座城池有著無數的小店、大大小小的清真寺、伊斯蘭學院、客棧等，整座城池都是貓兒的遊戲場，都是貓兒的家。但這卻苦了愛貓人，畢竟與貓相遇講究的也是「因緣」二字。

總之，所有的貓兒都能窩在這看似迷宮的菲斯古城裡，因此，若是你來到這裡錯過貓兒的蹤跡也算是合理正常的一件事。

◢ 菲斯小巷內的一隻騾子與一位時髦的女子。

◢ 來自伊斯蘭國家的婦女

到摩洛哥觀光的的遊客中有不少是比較保守的伊斯蘭國家民眾，因為教義的戒律規定，這些地區來的女人穿著黑袍從頭罩到腳跟，而摩洛哥則相對開明，女人的穿著打扮與西方世界無異。

◢ 菲斯有許多手藝精湛的工匠，其中也包含裁縫師。

◢ 菲斯小巷中難得見到貓兒，但孩童則是經常出現的要角。

以前的我相信「守株待兔」，當攝影對象遲遲不願現身時，我往往會在現場「埋伏」，這招在過去蠻管用的，我也頗為自豪，因為可不是每個攝影者都有這份閒情逸致，而身為一個普通的旅者，我沒有太多預算，但是卻有很多時間。

不過，這招在菲斯卻完全失靈，菲斯的貓兒好像看清了這個詭計，所以「守株待兔」在那裡就成了虛晃一招，後來我便完全放棄「埋伏」這回事，反正再怎麼「等待」也只是徒勞無功。

這讓我想起一些心靈勵志作家經常會教讀者在「機會」遲遲沒有出現的時候要懂得「守株待兔」，只不過他們用了一個比較積極正面的語句「等待機會」，而且還會進一步說「等待機會」之前，必須「做好準備」，但事實是有些「機會」，無論做了多充足的準備，都會像我在菲斯拍攝貓的時候，到了最後可能徒勞無功，這大概就是所謂的「天意」吧！如果用阿拉伯語形容的話就是「Inshallah」意思是任何事情的結果只有上帝知道，有趣的是「Inshallah」這個字在伊斯蘭世界是個極為常用的辭彙，我的摩洛哥朋友阿布天天都講……不管何時何地，這個辭彙都能合情合理的搭上。

菲 斯 的 貓

終於在內賈林廣場
發現難得一見的貓

貓兒原來在此處！果真是「眾裡尋貓
千百度，驀然回首，那貓卻在廣場中
央處。」但轉念一想，總覺得瞎忙一
場，我為何一定要找到貓？突然間我
也恍惚了⋯

「內賈林」（Nejjarine）意為木匠，雖然名為廣場，但實際上只是一處最寬才十公尺的空地，嚴格講起來這個廣場只是一條放大版的露天巷弄。

不過，這看似小巧的的空地卻有著菲斯難得一見的貓，在廣場西邊有一處由旅店改裝完成的木工藝博物館，貓兒就在博物館前肆無忌憚地躺著，沒想到遍尋不到的菲斯的貓竟然藏在這裡。

這或許也有些淵源，原來的工藝博物館本身是一座旅店（fondouk），在菲斯的全盛時期，這種旅店大約有二百多家。

伊斯蘭信仰中強調人與人的互助，此種旅店除了提供商旅、學生膳宿之外，也是一種商業店舖、倉儲、社交娛樂中心，最重要的是它提供無家可歸的人一個容身之處。

而且，有趣的是，中世紀以降的阿拉伯律法中，規定這類旅店必須貢獻其部分收入用於伊斯蘭學校與清真寺的興建，這種貢獻被稱為宗教貢獻（waqf），官方再將眾多宗教貢獻的收入集資成立基金會。

原來，早在中世紀時阿拉伯世界便有信託基金會的概念，菲斯的鼎盛文風與執阿拉伯世界藝術之牛耳的地位，其實也是拜這類旅店「宗教貢獻」所賜。

▲ 斑斕的布料也是菲斯的一絕，我曾在這家店舖瞥見一隻貓，當牠慢條斯理地往店內走去時，我卻忘了拍照。

　　不管如何，大概就是這種七百多年以來的博愛精神，菲斯的貓喜愛這類的旅店，約莫是已經積習難改，即使旅店改成了博物館，貓兒依然對這地方念念不忘，想來應該也有專人打理著貓兒的三餐吧！

　　走慣了菲斯的迷宮，到了內賈林廣場倒也令人感到耳目一新，不完全是因為貓的關係，對於久違了的陽光，瞳孔似乎也迎來了菲斯式的問候，於是，我在廣場上待了半晌，儘管貓的數量不多，但這總是個絕佳的良機，我試著觀看屬於菲斯的某種情境，菲斯的貓大概因為自己也知道身在一處文藝美盛之處，因此，總有一種老學究的風範，即使是小貓也帶著一種冥想的樣貌，菲斯確實是一處人與貓都適合的沈思之處啊！

　　在內賈林廣場終於找到菲斯的貓的那個瞬間，一股「踏破鐵鞋無覓處，得來全不費工夫」的感覺油然而生，轉念一想，總覺得是瞎忙一場，我到底是為何而拍？突然之間我也恍惚了，畢竟貓依然是貓，我依然是我，站在廣場中央的我迷迷糊糊地陷入了一場對話裡，這應該就是所謂的「我執」吧！

　　因為即使我找到了菲斯的貓，頂多也只是讓我的貓收藏多了幾隻，在微不足道的記憶容量裡，菲斯的貓幾乎無足輕重，而且，在若干年後，如果不是不小心刪除掉，也會像塵封在腦海中的記憶，因為某種相關的連結，才會突然想起在很久很久以前，曾經在內賈林廣場拍攝過幾隻菲斯的貓……。

▲在菲斯有一處古老的露天鞣革場

菲斯街弄裡的皮革小販，小寫的 china 意為瓷器，小寫的 japan 意為漆器，而小寫的 morocco 指的是摩洛哥羊皮。

　　我的某位朋友到了印度卻忘了拍泰姬瑪哈陵，同行的人都說他傻，「反正也不差我一人」我的朋友聳聳肩輕鬆地說著。當我在埃及時，曾經因為躲在金字塔的隙縫中午睡，而錯過了進入金字塔參觀的機會，當時的我只是拍拍身上的灰塵，然後便一走了之。總覺得年輕時候的我似乎比較理解何謂境界，年紀一大反而瞻前顧後，儘管並非事事皆如此，但是越來越不能理解時間對我的意義，所謂的「三十而立，四十而不惑」顯然是事與願違，倒也不能責怪孔老夫子，猜想春秋戰國的那個年代，人們的思慮應該比現在人輕鬆多了。

▲ 五顏六色的 couscous，吸引小貓前來光顧，這本是摩洛哥人用來烹調食物的鍋具，如今成為賣給觀光客的小品。

▲內賈林廣場上兩隻相親相愛的貓兒。

穆萊伊德里斯聖城的貓

到底是貓脾氣不好
還是我太過於隨性

巷弄裡的貓的憤怒之相讓我印象深刻，不知道牠所護之法為何？又守護了哪個修行者？又是否成功幫助修行者克服了外在的障礙，以及自己內心的貪嗔癡？

　　原本對於伊斯蘭歷史興趣缺缺的我，竟然拜訪了摩洛哥的穆萊伊德里斯（MoulayIdrissZerhoun）聖城。建立摩洛哥第一個本土王朝的伊德里斯一世安葬於此，這個小城自然而然地被封為聖城，它之所以神聖，其實不完全是伊德里斯的政治地位，更直接的關係是因為他的血統，他是穆罕默德的直系血親，血緣關係可溯及穆罕默德的女兒法蒂瑪。伊斯蘭世界以聖裔定義穆罕默德的家族成員，在政治運作上也極其強調血統的地位。

　　伊德里斯在一次政治鬥爭中退至摩洛哥，當地的柏柏人接納了他，且透過聯姻與其結盟，伊德里斯藉由柏柏人的幫助征服了摩洛哥北部地區，從而建立起獨立於巴格達之外的另一個伊斯蘭王國，也因為伊德里斯的關係，最終摩洛哥成為了一個伊斯蘭國度。

　　「昨日的仇敵是今日的盟友」這句諺語在伊斯蘭世界廣為流傳，它不僅一針見血地説明了伊斯蘭世界的多變與複雜，同時也象徵著伊斯蘭世界強調血統的政治獨特性。

　　現在流行於摩洛哥的伊斯蘭為蘇菲教派，他們有聖墓崇拜傳統，由於伊德里斯陵墓矗立於此，每到伊斯蘭慶典期間，小城被朝聖者擠得水泄不通，也因為聖城關係，當地居民可以免除賦稅與服役義務。

我確實對於歷史感到興趣，但是對於錯綜複雜且又牽涉到血緣演變的伊斯蘭歷史，實在是敬謝不敏，那個午後我在陵墓附近閒晃，陵墓建築本身看起來就是一座清真寺，綠色的屋瓦象徵了伊斯蘭的傳統，小城的巷弄也以綠色為宗，我倒也已經習慣於這種綠色氛圍。小城規模不大，位居山間的海拔有著平地少見的清涼，信步走走，並無特別目的，拜訪小城其實是路過的關係，大概就是因為這種隨性，連聖城的貓兒都懶得見我，本想就此一走了之，卻又迎來一隻不太友善的貓兒，牠在小巷中對我怒目而視，「你這異教徒不崇拜聖墓就罷了，竟然以路過的輕鬆心情拜訪！」我彷彿聽到牠如此説道。

　　老實説我從未看過貓兒以如此憤怒相現身的，牠讓我想起了藏傳密教中的持鉞大黑天，大黑天的護法神地位與眼前的貓兒確實也有幾分雷同，當然，牠並沒有頭戴骷髏冠，脖子上也沒有垂掛由人頭組成的項鍊，更沒有圓瞪的三眼，也沒有露出兇狠的獠牙，也幸虧沒有，否則，我一定會退避三舍……自從在摩洛哥旅行之後，這貓的憤怒確實是唯一，牠的憤怒之相讓我印象深刻，我想著想著竟然自言自語起來，迎面走來的老者看了我幾眼，不解地笑了出來，我只好尷尬的與他打了招呼……沒想到一隻貓兒竟然也能吹皺一池春水，或許是因為總是期待善良美好的事件發生，對於適得其反的事才會有些不知所措……

佛露比里斯遺址的貓

人不懂貓
才會覺得貓不太愛理人

牆上的貓兒到底在想什麼？京華煙
雲？或是平疇沃野的滄桑？我望著牠
思索了半天，最後，牠意興闌珊地跳
下牆來，牠可能心想著怎會有這麼無
聊的人……

　　佛露比里斯（Volubils）遺址是我在摩洛哥旅行時想去的一處地方，我在遺址中並未見到貓，倒是見到了在城垣上築巢的鸛鳥，當然，遺址到底干貓何事？這未免也太過苛求了。據說佛露比里斯之名起源於柏柏語的夾竹桃（Oualili），大概是因為其地理位置位於兩河交會的的三角洲上，春夏之交時，河岸上開滿了夾竹桃，可惜我沒見到那樣的風景。

　　佛露比里斯的歷史最早可以追溯至五千年前，西元前三世紀分別成為腓尼基及迦太基人的屬地，之後成為羅馬帝國的一部分，當時的佛露比里斯是羅馬帝國在北非的政經中心，西元二世紀時，其人口達到兩萬餘人，整座城池擁有八個城門與四十座敵樓，城中的通衢大道可以供馬車並駕齊驅，西元三世紀時由於羅馬帝國的崩解，佛露比里斯也遭到戰火劫掠，從此煙滅於歷史的洪流裡。

　　直到西元八世紀時，阿拉伯人重新將佛露比里斯登錄在歷史的名簿上，當時的佛露比里斯當然已褪去過去的浮華，緊接著伊德里斯以佛露比里斯為王朝的都城，至此佛露比里斯才算真正的復興，但是真正的佛露比里斯已經成為麥地那，新城則在老城的西南邊興起，換言之，現在的遺址早在西元八世紀時就已經是遺址了。

只不過佛露比里斯的復興並沒有維持太久，因為伊德里斯的繼任者其子伊德里斯二世將都城遷往了菲斯，佛露比里斯再次被冷落……現在的遺址則得利於法國人在十九世紀時所進行的挖掘與探勘，1997年遺址正式成為世界文化遺產。

造訪佛露比里斯當然不是為了貓，有趣的是我在遺址旁的某個小村中，卻在牆上看到了一隻貓，是車在路邊暫停的時候，不知道是否是誤會，我總覺得那堵牆也很羅馬，其實一切都是巧合，當下我在尋找仙人掌果實，路邊的野生仙人掌，結實累累的果實叫人不注意都難，心想既然當地人也是這麼摘取果實販賣，我應該也可以試試吧！

只不過，不試還好，一試才發現其難度真高，仙人掌的果實被針包圍，一不小心就會被刺著，被刺了兩三次後的我，便很自覺地放棄了，就在自己苦笑之時，瞥見了牆上的那隻黑白相間的貓，牠對於我顯然沒有太大的興趣，雄踞在牆頭，似乎看著遠方沈思著，沈思中的貓，這一路以來我見多了，本不該感到詫異的，只不過牠的沈思顯然飽含了遠望的況味，牠想的到底是什麼？我望著牠思索半天，最後，牠意興闌珊地跳下牆，慢慢地踱步至更遠的田野去了，那是我第一次看見映著田野的貓的身影，是第一次也是最後一次。

▲ 遺址裡的古代馬賽克，當時的羅馬人將許多動物繪入馬賽克裡，可惜沒有看到貓。

　　貓兒或許也知道在亙古的時間洪流裡，你我也不過是跟著時光流轉的微粒罷了，以量子物理而言，過去和未來一樣是不確定的（在古典物理裡，我們則假設過去是一連串的事件，而這顯然比較貼近一般人對於時間概念的認知），換言之，對於量子物理學家而言，即使是整個宇宙也沒有唯一的過去或歷史，我對於這種說法很著迷，那是因為量子物理學的機率論與古典物理的實在論並不相同，儘管後者比較符合我們人類的直覺，而且，一如它所強調的實在性一般，也就是人類幾乎無時無刻都在應用著古典物理學。但是貓兒呢？我望著田野中那隻黑白相間的貓，我覺得貓兒應該是量子物理追隨者。

　　「諸微塵……」我彷彿聽到貓兒這麼說。

▲部分遺址的遠眺，當年的榮景如今變成荒煙蔓草。

梅內克斯的貓

在梅內克斯發現神奇的
「綠光貓」？

我偶爾相信所謂的靈光乍現，到了梅
內克斯之後，這道靈光莞爾地轉成了
「綠光」，然後，關於這隻「綠光貓」
有著臺灣貓的形象，其實在我的心底
未曾改變過……

　　原來，菲斯的捉迷藏之貓蔓延到了梅內克斯（Meknès مكناس），説到底，或許還是得感嘆曲折的巷弄，儘管梅內克斯的麥地那只有菲斯的三分之一，但是相同的是貓兒一樣慵懶，或許這兩地的貓兒都習慣隱居了，牠們不像土安或是蕭安的貓那樣來得愜意。於是，我只得不斷地在曲徑通幽中流連，不知道愛貓人士會如何設想，他們會急於尋找一隻貓嗎？或者也和我一樣只是信步走走隨意看看，有貓可好，無貓也可以？

　　那日午後，我照例走在梅內克斯的巷子裡，一隻貓兒躺在門口，後來發現這隻貓與我的偶遇或許也藏著某些神祕的因子──牠的樣子很像是一隻臺灣貓，當時我還看著牠背後的綠光發愣……

　　這未免也太過神奇了，貓兒竟然會發光！

　　我心中兀自如此思忖著，難不成這隻梅內克斯的貓也懂得魔法？大概是一時無法意會過來，我往前去找巷弄裡的孩童，他們正向我揮手，於是就這樣我與「綠光貓」就此分離了，回過神來想去找牠，牠已不知至何處神遊了？在摩洛哥我看過的貓兒不少，不知為何這隻貓最讓我念念不忘？即使那道「綠光」其實只是牆上的綠色螢光漆。

可能是人到了初老階段之後，會將許多記憶與現實攪亂在一起，而且最恐怖的是當初的記憶也可能產生變形，總是在為某個問題尋找某種可能的答案，例如在梅內克斯所尋找的「綠光貓」，的確困擾我許久，一直在想到底在哪裡見過一樣的貓？有趣的是想歸想，但是時間一拖長，卻也自然而然地忘記當初到底在想什麼，雖然我覺得這也可能是我把記憶跟現實給搞混了。

　　就因為如此，偶爾我會猛然想起曾經在哪裡遇見過什麼人事物的，時間如果綿延太久，我竟然會將不相干涉的兩地串聯起來，所以在倫敦凝視的對象有可能出現在紐西蘭的基督城裡，在希臘看到的夕陽在許多年後會誤以為自己是在西班牙看到的……這大概就是所謂的「渾沌」吧！

　　但是，這卻不能完全怪罪於我的記憶，畢竟每個人的腦中硬碟都是有限的，除非能以科幻的方式，使用某種路由器串聯某甲跟某乙的記憶，不然兩個人的記憶是難以被分享的，我不太確定梅內克斯的「綠光貓」是否曉得日後在我的記憶中會有牠的一席之地，畢竟，我們的記憶充斥著太多的模糊訊息，而我總是被那樣的情境吸引，一股腦地探究那些凝視的緣由，總想透過鏡頭去記錄某一段旅程，而這成為我的「窠臼」，但這卻不會是個「籠牢」，因為我很容易遺忘一些不該忘記的事。

梅內克斯的藍貓與男孩！

有時候我真的分不清到底拍到的是人
還是貓，我在摩洛哥拍到貓的機遇，
總是因緣際會，拍人的機會儘管多，
然而想要掌握住難得的瞬間，卻也不
是我可以控制的。

奇異的是摩洛哥的孩童讓我有一種難以形容的感覺，或是，它其實是一種錯覺，在梅內克斯的小巷中，孩童的促狹似乎就像是貓兒的促狹，擬人化的底蘊好像就在一瞬間誕生，就像那群與我偶遇的男孩那般，感覺上他們似乎正要前往海邊，但梅內克斯並不靠海……

梅內克斯的貓兒都到哪裡去了？

回頭一望的男孩靦腆的用法語跟我打招呼，我覺得他似乎在說「貓兒就是我，我就是貓兒！」

這樣說來，我甚至懷疑自己在摩洛哥也成為了一隻貓兒。男孩們嘻嘻鬧鬧地招搖過市，本來以為招呼過後，便又各自東西，就像尋常那樣，只是在那個當下，其中一個男孩回頭跑向了我。

「想到我家坐坐嗎？喝杯薄荷茶！」男孩用生硬的英語加上比手畫腳與我溝通。

我也迷糊了，原本想要維持孤寂的立場好讓旅程顯得單純，但是這突然的盛情邀請卻又讓人覺得想要自投羅網。

須臾之間，我沒多想便點頭，於是一群男孩便領著我到了某戶人家。男孩的家中以餐館生意維生，那種典型的摩洛哥中庭天井，我在拉巴特便已經見過，摩洛哥的建築以這種特色著名，如此不僅有益採光，且通風良好，有些大戶人家還會在中庭裡修建一個小水池，繁複的幾何圖形馬賽克點綴著牆面與拱門，青石鋪成的地面散著冷冽的光，午後的摩洛哥人或坐或臥或是小孩躺在青石地上，其實不算是少見的風景，微風自門口穿越古老的鑰匙孔吹進了中庭，幾盆無花果樹的葉子搖晃著，男孩們的喧囂卻好像是聽不見那般，沒多久一位老者端著一杯薄荷茶請我坐下，我並沒有任何遲疑，那個午後，就這樣在那個尚未開始準備晚餐的小餐館的中庭度過了些許時間，男孩們圍在我的身邊看著數位相機裡的圖像，一路從拉巴特看到了梅內克斯。

　　男孩家中竟養著一隻藍貓，這大概就是必然的偶然吧！這是我第二次見到藍貓，就像我的第一次那樣，藍貓以貴族般的姿態在我的身邊徘徊，牠處處打探著我。

　　「他叫做 Luca ！」男孩撫摸藍貓的額頭說著，藍貓則繾綣地摩挲著男孩的大腿。

◢ 這個梅內克斯的男孩帶我去他
家中，讓我第二次見到藍貓。

「Luca」是一個很義大利的名字，一點也不北非，也不摩洛哥啊！我心中兀自思忖著，我倒希望牠的名字是「馬格里布」或是什麼「阿巴斯」之類的伊斯蘭名字，但是，這一點都無損於藍貓之於貓中貴族的地位。一杯薄荷茶之後，男孩的祖母又端上了一杯，男孩們則在中庭裡玩起了足球，我走向了另一端想向老者致謝，他見我走過去笑著跟我揮手，他執起了我的手說起了長串的阿拉伯語，我自然是聽不懂的，我的阿拉伯語程度僅限於「謝謝」與「我愛你」，於是，我不停講著謝謝，他每聽一次就大笑，雖不解為何，但也不感到尷尬。藍貓走了進來，似乎對於這種有聲勝無聲的對話感到新鮮，就這樣，我在歡笑中離開了那個有著藍貓的中庭。

　　「即使以為自己的感情已經乾涸得無法給予，也總會有一個時刻有一樣東西能撥動心靈深處的弦，我們畢竟不是生來就享受孤獨的。」這是小說《百年孤寂》裡的一段話，我總覺得人是很複雜的動物，人們確實喜歡享受孤獨，但是卻又不甘寂寞，這種衝突幾乎每個人都有，它以一種液態般的常態分布於每個人的人生裡，我一直以為我的心房在梅內克斯正式地被開啟，而伴隨著這個特別時刻的，竟然是一隻藍貓與一群男孩。

梅內克斯的貓

為什麼梅內克斯
不能是一座貓城？

在摩洛哥境內並沒有任何一處以貓為
名的城市，有時候我其實蠻希望有這
麼一種可能性，這樣一來，所有愛貓
的人，就多了一個可以去「朝聖」的
地方。

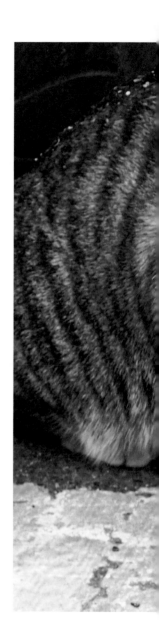

很多地方都以貓聞名，例如馬來西亞的古晉，但是古晉的貓城之說其實很尷尬，因為貓在古晉只是一種普通的存在，之所以成為貓城，其實只是因為地名的發音與馬來語中的貓近似罷了，而貓在摩洛哥是一種很神奇卻也很普遍的存在。

在摩洛哥境內並沒有任何一處以貓為名的城市，有時候，我其實蠻希望有這麼一種可能性，畢竟，在摩洛哥的界線很模糊，人與貓之間與其說是朋友，倒不如說是親人，有時候甚至覺得摩洛哥的貓，其實就是人。可惜的是當年從平地矗立而起的梅內克斯也不是以貓為名，這當然是不可能的夢囈。

梅內克斯是摩洛哥的四大皇城之一，但也是最為莫名的一座，因為它未曾真正的竣工，倒是留下看似漫無邊際的城牆，後人調侃梅內克斯為「牆之城」，但這牆卻也是她的特色。梅內克斯的創建者伊斯麥爾是摩洛哥歷史上的雄主，他不但成功阻擋了鄂圖曼土耳其的侵略，也征服了境內難以控制的柏柏人，但是他也以殘酷嗜殺留名青史，我猜其實他一點也不愛貓，愛貓的人多半仁慈博愛，這點可以從我的諸多愛貓好友中看出端倪。

◢ 此門號稱馬格里布第一門

馬格里布在中世紀時是阿拉伯人口中「太陽
落下的地方」，如果城門口有兩隻貓銅像或
是石像矗立著，其實也沒有任何違和感。

伊斯麥爾雖然殘暴，但卻是個建築藝術的愛好者，為了打造皇城，不惜重金禮聘了許多法國建築師。

伊斯麥爾原來的規劃是要將梅內克斯打造成摩洛哥的凡爾賽，但是最後這個願望並沒有達成，皇城的命運雖然有些坎坷，但是遺留下來的馬廄則氣勢磅礡地保留到現在……

所有證據都顯示伊斯麥爾愛馬成痴，當年他擁有五百匹阿拉伯駿馬，顯然馬兒的高大英挺才能與一代蘇丹相互媲美，如果是五百隻貓兒？這必定引來敵國的訕笑。

貓與狗是少數被人類馴化的哺乳動物，牠們之所以被人類接受是因為感情因素使然，儘管狗對人類而言，依舊具有某些實際功能，例如看家、偵察、緝毒等。

畢竟狗與人之間的連結依舊是感情上的層次，到底某些人類為何寧願將感情託付於貓跟狗？

我有些朋友就將貓狗當做兒女一般看待，而我大概可以理解為何伊斯麥爾嗜馬如癡，畢竟馬不管是在戰場上或是排場上都有顯著的功用，

但是馬不可能像是貓狗一般被人類擁入懷中，有時候反倒覺得悲傷，貓狗之所以喜歡與人類相處，是牠們對於人類有一種油然而生的同情。

那日午後，我在城牆邊的咖啡座上閒坐，咖啡店的主人曾經旅居英國，因此我們可以用英語溝通，雖然稱不上是他鄉遇故知，但是也度過了一個下午的閒聊。

有趣的是那位主人家有幾分的「思鄉」，這倒是出乎意料之外，英國似乎成了他的家鄉，但是轉念一想，似乎也沒有什麼意外，但是真的家鄉永遠只有一個。

午後的陽光灑落在城牆上，我卻聞到一股濃稠的咖啡焦香，一種帶著苦澀的咖啡氛圍，一種以前未曾經歷過的味道。約莫也是光陰逐漸跌宕在咖啡飄散的氣味裡，城牆邊悠悠走來了一群本地婦女，鮮豔的衣裳烘托出城牆的顏色，我猜想那是來自於時間的累積。

微風吹過，淡赭色依依的城牆忽改顏色，一種北非獨到的跫音緩慢地從婦女的步履中發散出來，風景逐漸溫馨，但是原來的咖啡焦香卻又慢慢地黯淡。

梅內克斯的貓

彷彿揮手向人道別的
梅內克斯花貓—Bon Voyage

最後在梅內克斯跟我揮手道別的那隻
花貓。我彷彿聽到牠這樣對我說「See
you later！」梅內克斯的貓，果然充
滿讓人不可思議的神秘力量。

▲ 梅內克斯的赭紅色巷弄，淡淡的斑駁也有著說不清的滄桑。

好吧！姑且相信梅內克斯有著某種神祕的力量。那一個午後，我在小巷中踱步，其實也沒在什麼特殊理由，純粹只是想隨意走走。得土安以白色做為標記，蕭安則以藍色聞名，至於梅內克斯？它沒有這般拘謹，城裡的巷弄有鵝黃色、赭色、淡淡的粉色，不一而足。

大概就是因為這樣，梅內克斯的個性變得很蹊蹺，很難定義她的境界，也很難定義其存在，在時間洪流裡，梅內克斯似乎隨波逐流，至於漂到了何處？恐怕連她自己也不清楚。

大約半晌之後，我在巷子裡遇見了一隻清瘦的小橘貓，伴隨著小橘貓的是一位騎單車的男孩，他開朗地對我笑著，說的一樣是法語，角落裡有一位賣著仙人掌果實的男子，夏季裡的摩洛哥滿是各式各樣的水果，櫻桃尤其甜美，但我卻偏愛樸實的仙人掌果實，尤其是在燠熱的午後，仙人掌果實絕對是解渴的不二選擇。

▲摩洛哥的成年人多半不愛笑，但孩童經常笑容可掬。

　　但是那單車男孩似乎想要我為他留下些什麼，或許是那天的開朗心情，又或者是一種自信的外露，我不是摩洛哥人，自然是不懂的，即使我是，也難以猜測男孩的心，而這跟種族與文化都不相關。我之所以願意按下快門拍攝導因於男孩的微笑，當時他笑著指向了我胸前的相機，然後令我感到驚訝的是他做出了向我拍攝的動作，我一直以為這個動作只存在於某種慌亂現代社會裡的人們，例如我的學生曾在課堂上做出如此動作，覺得那很稀鬆平常……

　　但是在摩洛哥的古城小巷中，這樣的動作卻觸發了我的疑惑神經，總之我將男孩還有貓及那位賣仙人掌果實的男子收進了我的記憶卡裡，但是一如往昔的，我並沒有詢問他的住址，因為我相信彼此的連結只存在於境界裡，我同時也認為他應該也認同我上述的看法。

　　我在前面說過的「出走」本來就是沒有緣由的，可喜的是，心底小小的「麥地那」在摩洛哥與我重逢了，從山城到平原，從城市到鄉間，我的「麥地那」就像是燈塔的光亮慢慢地閃爍著，它以不同的方式向我照亮，偶爾是一隻貓，偶爾是一條巷弄，偶爾是一位騎單車的少年，這大概就是所謂的心隨境轉吧！

　　在我讀書的那個年代裡並不流行所謂的「壯遊」，也沒有所謂的「gap year」，當然，目前為止臺灣恐怕也沒有這類的流行，老實說，在那個大學社會組錄取率只有百分之二十五的年代，沒有太多人發明什麼「壯遊」之類的名詞，在那個有點苦澀的年代，每個人確實都在「遊」，但那種「遊」比較像是面對自己卻又無法解決困境的「惡性循遊」，尤其是男性面對兵役的苦澀，更為這種惡性增加更多的災難，總之，這有點像是為賦新辭強說愁的調調。

　　「初老」之後的我偶爾會回憶起大學生涯，雖然這類回憶有點不合時宜，但是它卻也滿足了我的「超現實躲藏」，也就是明知道躲也躲不了，卻又想賴著不走。當我走在梅內克斯的巷弄時，這種超現實的感覺又湧上心頭，說不出的古怪，大概是現實中的梅內克斯，其實已經夠超現實了，於是乎，身在其間的所有人也都變得很超現實。

▲ 梅內克斯的魔力，當然也包含了令人
眼花繚亂的馬賽克水泉與可愛的孩童。

　　然而，我離去梅內克斯之前，又發生了一件神奇的事，有一隻花貓
在一扇鐵捲門之前舉起手，好似在向我揮手道別。

　　「See you later！」我彷彿聽到牠這樣說！

梅內克斯的貓

貓在車頂上練習瑜珈

每次我拍貓的時候鮮少有失手的情形
發生，不過拍天鵝的時候，卻偶爾需
要運氣，或是拍人的時候往往會錯失
良機，因此對於我拍的貓總是心存感
激的。

我最終還是離去了梅內克斯，本來應該比菲斯遜色許多的梅內克斯似乎也醞釀著一股回甘的味道，只不過，我卻只能往前行，倏地，一隻跳上汽車的貓兒似乎也在提醒著「該往前走了！」。

我未曾與貓兒嬉戲玩耍，即使是後來在摩洛哥稍微了解了貓之後，也沒真的想過要跟貓兒親近，總是想與貓兒保持一定的距離，倒不是所謂的距離產生美感，而是寧願與貓各自保持著若有似無的感覺。但是這隻清瘦的貓卻讓我產生想要與牠親近的衝動，大概是因為正要出發之際，牠似乎很有默契的前來，看牠好像把車子當成是個人的健身房，我不禁笑了出來，牠則是一臉疑惑地看著我。

「這就是我的貓日常啊！何故哂笑？」

「我從未看過貓兒在車頂上練習瑜伽！」在心中我默默地說道，貓兒斜著頭看了我一眼，接著喵了一聲便輕快地跳下引擎蓋，我忍不住為牠鼓掌，「好身手！」這回牠沒有再看我一眼了，而是輕跳地一路溜進小巷弄裡，沒多久我看見幾隻貓兒與牠閒話家常，我心滿意足地又踏上了旅程。看著窗外的田野與聚落，一格格的風景從我眼前掠過，大概是必然的偶然吧！我溫習起自己拍貓的簡短歷史。

一開始我對貓並沒有太多的渴望，不似許多愛貓人一樣，會把對於貓的感情完整的投射到拍貓這件事情上，而我的重心始終在旅行這件事情上頭，於是貓與狗或是天鵝的地位沒有什麼不同，老實說，我甚至還比較偏愛狗與天鵝。不過，後來我一路旅行所遇見的貓卻遠多於狗，因此拍貓的機會遠遠超過拍狗……

　　若與我的朋友相較，我拍的貓或許僅及他們的百分之一，不過我也從歐洲拍到了北非的摩洛哥，從東北亞拍到了東南亞，從冰島拍到了赤道附近，拍的越多越覺得貓是一種天生愛流浪的動物，拍的越多就覺得自己似乎也和貓一樣，好像貓的瞳孔與我的瞳孔對應著，在我按下快門的那一瞬間……

　　我認識一些喜歡拍貓的朋友，他們會不遠千里去希臘、去某個小島、去某座城市，然後討論起那裡的貓，為的只是去拍貓，而我沒有那種毅力與壓力，也沒有那樣敏銳的心靈，只是隨興且懶散地邊走邊拍，拍自己認為足以感動人心的鏡頭，即使是這樣，有時候貓會慢條斯理地走過來成為我的主角，這樣的狀況在摩洛哥成為一種常態分布，又或者貓其實也在期待著，或許就是一種莫名的直覺發酵。至少牠們理解我的鏡頭語法，讓我深深覺得摩洛哥的貓，確實是我最該感謝的對象。

撒 哈 拉 的 貓

撒哈拉竟然有貓
但同樣嗜睡

趴在撒哈拉村莊豪宅白牆嗜睡的貓，
這類白牆在村中算是豪華的象徵，而
從這隻貓兒酣睡的模樣，似乎在訴說
著，生命就必須浪費在自己想做的事
情上。

　　摩洛哥是個得天獨厚的國家，它既濱大西洋也臨地中海，因此歐陸文明與她經常保持著交流狀態，來自於地中海的養分未曾讓她貧瘠過，摩洛哥有積雪的山脈，因此非洲的乾渴似乎與它無關，最重要的是摩洛哥有撒哈拉沙漠，雖然撒哈拉沙漠範圍畫過十一個國家。

　　大概就是因為摩洛哥集大成於一身，因此法國殖民者千方百計不希望她從自己手中逃脫，即使二次大戰之後，摩洛哥和平地掙脫法國人的控制，但是摩洛哥的鄰居阿爾及利亞卻命運大不同，法國人與阿爾及利亞人激戰八年，最後才心不甘情不願地撤出阿爾及利亞。

　　我去撒哈拉的緣由是一位在撒哈拉沙漠種樹的臺灣女子，她原來是一位留學法國十年的人類學博士，後來因緣際會到了摩洛哥為非政府組織工作，最後留在摩洛哥的撒哈拉地帶，她養過一隻鷹，後來解救一隻誤觸陷阱的北非大耳狐（Vulpes zerda），為了救治前雙腳已被陷阱截斷的大耳狐，她從撒哈拉沙漠的邊緣奔波至首都拉巴特，最後大耳狐僥倖地存活下來，但卻也已經喪失在野外的謀生能力。於是博士「領養」了牠，說是領養其實並不精確，因為在摩洛哥豢養受法律保護的動物是違法的，但是此類「動物保護法」在摩洛哥可以說是形同具文——某些當地人依舊設下陷阱捕捉沙漠裡的動物，大耳狐因為長相太過討喜，經常成為捕獵的對象。

在摩洛哥撒哈拉地帶邊緣的村鎮，偶爾可以看見小孩抱著大耳狐在路邊向外國觀光客揮手的場面。

「有些不知情的外國人會爭相與大耳狐拍照，當地小孩藉此向他們收取小費，剛被捕獲的大耳狐都會極力掙脫人類的控制，但是餓過幾天之後，大多數的大耳狐都會被馴化，被拘禁久了之後的大耳狐也會放棄逃跑的念頭。」博士緩緩地說著。

其實，撒哈拉的風景未曾落在我的期待裡，以前總覺得撒哈拉跟火星一樣遙不可及，這是一種很古怪的感覺，畢竟我也去過冰島，那裡的荒蕪程度比之撒哈拉並無任何不及之處，只不過一個位於北極圈附近，另外一個落在非洲的角落裡，可能是因為我天生怕熱吧！因此對於撒哈拉有種欲迎還拒的五味雜陳。

撒哈拉的玄藍穹蒼下永遠都藏著未知的祕密，但是真正眼見的風景卻像是不是祕密的祕密，撒哈拉是北非的正字標記，大耳狐則是沙漠的王者，但詭異的是當兩者合體時，卻讓人感到一些錯愕，這有點像是我在澳洲塔斯馬尼亞島上所經驗過的月出，斗大的滿月與大海單獨來看，其實並無什麼特別之處，但是當兩者合而為一時，卻又引人興起思古之幽情。

▲撒哈拉玄藍的穹蒼下永遠藏著未知祕密
曾經在電視新聞看到狐狸出現在沙漠裡,但是從電視
螢幕上所看到的真實與實際上的真實有著天壤之別。

　　這看似蒼涼的沙漠卻又挾帶著美麗前來,更別提大耳狐的存在,後來我的撒哈拉朋友貝桑告訴我「當地的大耳狐也喜歡趁著清早爬上與臺北 101 一樣高的大沙丘」,喜歡遠眺日出的大耳狐?這可能又是另外一項意外的知識。

　　突然之間,我感到憂悒,我曾在清早的大沙丘上逗留了許久,卻無緣領受撒哈拉的月末,但是如果月末時大耳狐也在那裡,牠們會對著月亮嗥叫嗎?(如果真有其事的話,那又再次打擊我對於知識的看法),我猜想牠們世世代代都在沙漠觀看著月出,領受著月光侵蝕著光陰的刻度,而且,或許月光的確像是某些人所主張的那樣具有足以治療憂傷的神力。

本來我以為在撒哈拉沙漠的邊緣應該是貓兒絕跡之處，畢竟這裡的環境更為乾燥炎熱，以貓兒的「養尊處優」，大概難以接受這樣「惡劣」的生活，結果我又錯了，在那個炎熱的午後，拗不過貝桑的邀約，他帶著我到村莊各地晃晃，並非我對村莊感到無趣，而是因為在那種毒辣的陽光下，所有人，至少是所有的外國人都會選擇躲在樹蔭之下，因為即使是在樹蔭之下都讓人感到一股窒息的熱氣隨時衝著你來，更何況是在大太陽之下？

　　總之，就算我是個隨性且耐勞的旅人，怎麼都不可能成為沙漠的貝都因人。

　　「村莊裡有貓嗎？」我竟然這樣問了，連自己都覺得訝異，正要解釋時……

　　「有啊！不過，你跑到撒哈拉來看貓？」貝桑大笑。

　　就這樣，我們很快地在村內一戶「豪宅」的白牆上看到一隻酣睡的貓，之後又陸陸續續看到了好一些的貓兒，只不過牠們幾乎都有同樣的嗜好──酣睡。

撒哈拉的偽貓

麥麥是一隻被貓兒認證的
大耳狐

麥麥怎麼看都像是一隻長得像大耳狐
的貓,在《小王子》書中狐狸跟小王
子說:「你必須對你所馴服的一切負
責」,不知道麥麥是否也跟博士這樣
說過?

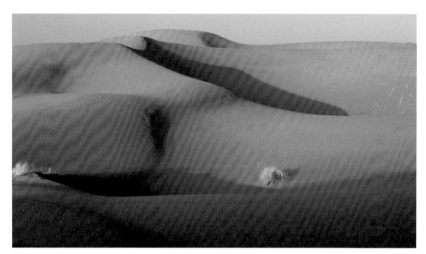

▲ 晨昏中的撒哈拉是最適合探訪的時段，光線的變化叫人躑躅不已。

　　博士豢養的大耳狐名叫麥麥，博士說麥麥之名起於法國著名小說《小王子》，這樣說來撒哈拉便是博士的玫瑰了。這並不是一個太過深奧的道理，只是場景從 B612 星球幻化成為撒哈拉沙漠。

　　其實，我也看過狐狸，對狐狸的最初記憶是在英國的海邊小城Bournemouth，那個小城周圍都是田野，就像是尋常的英格蘭小鎮那樣，清晨或是深夜，狐狸會潛入小城去翻找可以吃的食物，我偶爾在街道上或是人家的庭院裡與牠們偶遇，狐狸其實與人保持著友善的關係，往往就是四目相對之後，狐狸緩緩地轉身離去，沒有半點的惆悵，也沒有絲毫的眷戀，輕盈的步伐就像是跳著圓舞曲。

在《小王子》裡，狐狸說：「如果你馴服了我，我們就會互相需要。對我來說，你將會是世界上獨一無二的。對你來說，我也會成為世界上獨一無二的。」、「可是你不該忘記。你現在永遠都得對你馴服過的一切負責，你要對你的玫瑰負責。」書中的狐狸顯然世故，比起驕貴的玫瑰，狐狸扮演著老師的角色。至於現實中的博士與麥麥是否也具有「師生關係」，我並沒有問。博士僅僅說起當年奔波救治麥麥與麥麥逐漸融入村莊生活的故事，不似書中的狐狸可以開口講話，麥麥只能用眼神說話，可惜我的悟性沒有太高，因此解不出麥麥想說的話。

如果大耳狐是貓科動物，而非伊斯蘭世界所鄙夷的犬科動物，假設麥麥長得像是出現在非洲南部的藪貓，那麼說不定人類就會善待牠，起碼不會以拘禁的方式加以虐待。

在書中，小王子還是得對玫瑰負責，在現實中，博士與沙撒哈拉不是相對的關係，因為撒哈拉永遠不嬌貴，博士只能融入撒哈拉的星空與沙塵暴、日出與日落、殘酷與美麗，撒哈拉永遠不可能被人類馴化—這是唯一的命題，而且人類沒有任何選擇權。但是，有一點不會因為任何事件而改變，那就是博士與麥麥彼此需要，就像博士也需要撒哈拉這朵玫瑰一樣，博士與麥麥，撒哈拉與博士，麥麥與撒哈拉，這比較像是李白的舉杯邀明月對影成三人的關係。在境界上，此三者共融共和，彼此分享，而且這是一種心理上的慰藉。

▲ **太陽才是撒哈拉的造物主**
撒哈拉的日出方向大約落在阿爾及利亞，撒哈拉的星空有時
沙塵蔽天時，顯得隱晦，就我而言我更喜歡的是仰望太陽。

在書中狐狸如是告訴小王子「只有用心才能看得清楚，重要的事物
用肉眼是看不到的」，但是博士家中的貓兒卻無需用心才能看到！我後
來才發現自己有多蠢，與貝桑在村中閒晃時已經見到許多貓兒，沒想到
在博士家中竟然有一群貓兒好整以暇地等著我，只不過博士家中的貓兒
一樣患有嗜睡症，甚至不與我這位遠方來的客人打交道，小貓們聚在門
口的墊上一起酣睡，牠們的父母則跑到樹蔭下呼呼大睡，即使是麥麥也
在睡著。

▲博士家中的三隻小貓。

　　麥麥怎麼看都像是一隻長得像大耳狐的貓，倒不是說牠的神情舉止像貓，而是牠整日與貓廝混，早就成為一隻被貓兒認證的大耳狐。

　　「橘生淮南則為橘，生於淮北則為枳」這句話用來形容麥麥與牠的貓朋友們並不精確，畢竟貓與狐本來就是不同科的動物，但詭異的是它在某種程度上卻又符合現狀，我看著貓兒捉弄麥麥，麥麥生氣地反擊追逐，完全看不出牠們原來不屬於同一科。

愛本哈度城寨的貓

原來真有 B612 星球，
而且還有一對情侶貓！

兩隻貓兒看似一對戀人，在城寨中的
一戶門口百般無聊地歇息著，母貓似
乎轉頭在跟男貓說，又有一個來這裡
尋找「小王子」的蠢人類……

▲ 遠眺的愛本哈度城寨就像是一座孤寂
的天空之城，只不過它黏在地表上。

愛本哈度城寨（AïtBenhaddou）對我而言就是人間的 B612 星球，在《小王子》書中當小王子最終對於玫瑰感到疲憊，而想要離開 B612 星球出去闖蕩時，玫瑰並沒有撒嬌，她任性的轉頭過去不願意讓小王子看到她的眼淚，而小王子就只是個天真的男孩，他並不能體會玫瑰的心思。

小説中的 B612 星球很小，小到一天可以看見 43 次的日落，當我接近愛本哈度城寨時，覺得它像極了小説中的 B612 星球，孤寂的一顆星球。

一條河將這顆小行星隔絕出來，只是我並不知道愛本哈度的玫瑰長在何處？猜想愛本哈度的小王子或許也走遠了，或許到了 A145 星球去了，總之我並不懂星際旅行，倒是後來的人們經常在愛本哈度搭起了電影場景，許許多多的電影在這裡攝製，儘管愛本哈度早就人去樓空。

　　或許，在摩洛哥的千堡大道上無數個 Kasbah（城寨）代表著摩洛哥地上無數顆的小行星，它們就像是天上的星星那般地擁擠，只不過地上的人們卻又像是天上的星星那般的孤寂，沒有人居住的城寨恐怕再也找不到玫瑰，除了撒哈拉的麥麥之外，我也不曾見過任何一隻出沒在摩洛哥地面上的狐狸。

　　倒是貓，竟然在愛本哈度出現，或許用「竟然」兩字對貓兒不敬，畢竟貓在摩洛哥是一種稀鬆平常的存在，但是在這平常人煙罕至的山寨中，人都未必存在，何況是貓？或許因為這樣，所以貓成為一種指標。

　　兩隻貓兒看似一對戀人，在城寨中的一戶門口百般無聊地歇息著，牠們的主人大概就是在前頭擺攤的僅存少數居民吧！至於是不是「小王子」，我並沒有問。

▲**愛本哈度城寨是柏柏人的文化遺產**
城寨的建築結構是以泥土混合植物纖維或是石頭曬
乾的土磚建成，厚實的土牆有著良好的隔熱效果，
愛本哈度城寨始自十七世紀，儘管這類城寨往往維
持不了百年，但是其工法則有千年以上的歷史。

對我來說愛本哈度就是摩洛哥最經典的麥地那，儘管這種說法可能會有爭議，畢竟愛本哈度只是個孤單的城寨，她不算是一座城，但是，如果就感情層次來說，又有哪個地方比得上她的飄渺？

我曾經在許多地方看過許多虛無的所在，但是少有一處地方，像愛本哈度這樣夾雜著難以形容的感覺。

這該怎麼形容呢？我覺得愛本哈度好像隱含了關於歸宿或是原鄉的因子，叫人不想她都難，但是又難以將她類比為某個你曾經看過的地方，大概就是因為這種有些莫名的氛圍，造就了她的「獨一無二」。

對於旅行者而言，有些地方會讓他們一再前往，例如我有個同事已經去過日本 24 次，也有朋友曾經去過印度 5 次。

如果你問我，會不會再去愛本哈度？我會用斬釘截鐵的語氣回答不會再去了。

因為，我想要將愛本哈度永遠封存在自己小小的麥地那裡，這大概也是一種典型的初老症狀在作祟吧！

馬拉喀什的貓

在巴西亞宮看到了馬拉喀什
مراكش 的第一隻貓！

巴西亞宮中的貓，大概也是習染了富貴之家的驕縱遺風，來往的遊客見到這貓慵懶地躺在地上往往彎下腰來與牠嬉戲一番，但牠卻完全無動於衷。

中古世紀時，土耳其人稱摩洛哥為菲斯，大約就是因為菲斯的璀璨，波斯人則把摩洛哥稱為馬拉喀什，其理由也類似—馬拉喀什象徵著摩洛哥的文明，至於何者較優？大概也沒有標準答案。老實說，菲斯的細緻無出其右，但是馬拉喀什的奇幻風格卻也是無敵。

倒是英文中的摩洛哥 Morocco 與法文中的摩洛哥 Maroc 都源自於馬拉喀什（Marrakech ／ Marrakesh），這或許也表明了外國人心目中的摩洛哥。馬拉喀什是柏柏人的大本營，在柏柏語中馬拉喀什意為「神的土地」，可見其在柏柏人心中的地位非比尋常。

信奉伊斯蘭的柏柏人，雖然也曾經建立起武功強盛的帝國，勢力擴張至西班牙的安達魯西亞地區，南北縱橫達三千公里，甚至一度威脅到歐陸各國的安全；早在十二世紀時，馬拉喀什已成為柏柏帝國的政教中心，當時的歐洲各國以「馬拉喀什王國」定義摩洛哥一直到二十世紀初期。但是柏柏人的勢力在近代已經式微，加上伊斯蘭化的關係，柏柏人的身分與地位反而顯得曖昧不明。柏柏文化的復興要到近十幾年來才被放大看待，這與摩洛哥現任國王的政策也有關，其開明的態度讓摩洛哥文化朝向多元跨界的特色發展。

▲ **馬鳩海勒花園**

原為法國畫家馬鳩海勒（Jacques Majorelle，1886～1962）在馬拉喀什的寓所，馬鳩海勒喜愛接近撒哈拉地區遊牧民族所用的深藍色，後人將這種藍色稱為「馬鳩海勒藍」，後因聖羅蘭在 1980 年入主了花園，在聖羅蘭的作品中這種藍色也經常出現，也有人將這種藍色稱為「聖羅蘭藍」。

　　法國人向來認為摩洛哥是歐洲的後花園，此說確實不假，但是說到後花園中的後花園，馬拉喀什便當之無愧。

　　除了其揉合阿拉伯與柏柏文化的混合風格之外，宜人的冬天氣候也是造就馬拉喀什的重要因素，這也是為何著名的法國服裝設計師聖羅蘭（Yves Saint Laurent，1936～2008）選擇在馬拉喀什打造他的華麗莊園，聖羅蘭生前經常與他的愛侶在馬拉喀什消磨時光，甚至在去世前也立下遺囑將他的骨灰安葬在馬拉喀什。

　　在四大皇城中，馬拉喀什的面積最大，由於城牆以赭紅色的砂岩打造而成，也有人以「紅城」稱呼它，與菲斯及梅內克斯最大的不同是馬拉喀什沒有蜿蜒的小巷，這大概與柏柏人的概念相關，柏柏人來自於荒涼的沙漠邊緣，天圓地方顯然才是他們的宇宙觀。

　　而我的摩洛哥「尋貓記」的不同篇章或許也與「宇宙觀」相關，山城蕭安與得土安儘管也有曲徑通幽的小巷，但畢竟位在山坡之上，藍天襯著蜿蜒的小巷就有無比的開闊舒暢，貓兒蟄居其中怎麼說也有一種愜意，在那裡要尋到任何一隻橫躺的貓兒並非難事。菲斯挾著遮蔽的天空而來，那的貓兒大概也就養成了審慎低調的個性，要找到貓成為一件可遇不可求的事；梅內克斯就像是半個菲斯一般，貓兒比較偏愛出奇不意地出現。

　　馬拉喀什？或許更難定義些，它雖然有著天圓地方的廣場，但貓兒卻又不愛廣場，牠們依舊蝸居在尋常人家的門口，在鬧市的攤販之間倏忽地穿梭著，在摩肩接踵的人們之間不起眼地經過，在白晝褪色之前晃蕩，在星辰升上廣場之後隱退。

　　中國電影《那山、那人、那狗》中的一段父子對話的臺詞說「山裡人住在山裡，就像腳放在鞋裡，舒服！」馬拉喀什的貓與其他摩洛哥的貓沒有什麼不同的地方，牠們一樣喜歡在巷弄之間轉悠，倒是我卻傻傻地以為牠們會出現在廣場上。

　　我的傻在巴西亞宮終結，在那裡我看到了馬拉喀什的第一隻貓，當然，這又是不期而遇的結果。

　　貓或許會出現在廣場上，但是廣場實在太大了，雜沓的氣氛大概也會讓貓兒不開心，就算是願意到廣場上溜達溜達，但要與牠們偶遇恐怕也需要極佳的運氣，畢竟廣場毫無遮蔽處，白晝顯然是不可能出現貓兒的身影，我從未看過任何一隻喜歡曬太陽的貓，至於夜晚就更不可能了。

▲ 馬拉喀什的巴西亞宮（Palais de la Bahia）
建於十九世紀末，為當時權臣阿賀梅德（Bou Ahmed）的官邸，
bahia 意為燦爛，阿賀梅德相當於當時阿拉維王朝的和珅，他在
攝政時大肆收刮財富，讓巴西亞宮成為比皇宮還要更奢華的所在。

　　巴西亞宮當然就不同了，它有涼爽的馬賽克磚地面，至於宮外的熱
氣蒸騰是不太可能進入宮中的，巴西亞宮的主人翁是當時的朝中權臣，
他是個擁有二十四個妻妾的大胖子，怕熱的他早就將可能避暑的設計融
入宮中的建築中，貓兒在這樣完善的地方遊走哪能體會到外頭的雨露風
霜？來往的遊客見到這貓慵懶地躺在地上往往彎下腰來與牠嬉戲一番，
牠卻不為所動，但與其做一隻宮中貓，我相信絕大多數的貓兒還是願意
生長在宮外，起碼可以活蹦亂跳地四處流浪。

馬 拉 喀 什 的 貓

傑馬艾夫納廣場的巷弄遇見
兩隻形影不離的貓

看似一對戀人的貓兒讓我想起了納蘭
性德的詞—「人生若只如初見」……
說不上為了什麼，大約就是雜沓紛亂
的廣場反倒讓我覺得無奈。

傑馬艾夫納廣場（Jamaa ╱ Djemma el Fna）又被稱為德吉馬廣場，它是整個馬拉喀什的心臟，若不是因為它，馬拉喀什不會成為馬拉喀什，它的原型可能跟一般的廣場市集一樣，但是因為馬拉喀什位居南方的交通要塞，來自非洲南方的各種商賈雲集此處，加上柏柏人以此城為大本營，因此原本只是一般的廣場市集，逐漸發展成為集各種傳統民俗、雜技、手繪刺青者（henna）、娛樂、達官貴人、登徒騙子、說書人、占卜者、吟遊詩人、唱歌賣藝者、拔牙者等共存的超級大場域，柏柏人、阿拉伯人、撒哈拉以南的各種民族在這裡交流，就知名度而言，傑馬艾夫納廣場堪稱全非洲第一。

我說過馬拉喀什的貓出現在廣場的機率極低，要如何定義傑馬艾夫納廣場？若是以臺灣的標準看來，士林夜市或是逢甲夜市都不太像，傑馬艾夫納廣場完完全全就是一處真正的廣場─只不過貓兒不在那裡，即便如此，出現在那裡的動物可不少，例如巴巴里（barbary）獼猴便是廣場上的大戶，這種來自於亞特拉斯山脈的獼猴，其特徵是幾乎已經退化完全的尾巴，傍晚時分許多賣藝人與他們的無尾猴在廣場上表演著猴戲，猴子的無辜眼神往往讓人難忘，除了猴子之外，兀鷲也偶爾出現在廣場上，這種大鳥可就不像是獼猴這般可以親近，至於弄蛇人也是廣場上固定的戲碼，偶爾也有帶著貴賓狗的雜耍團穿梭在廣場上。

至於馬則是以馱獸的身分出現在廣場上，另外一種動物可就命運悲慘些了，在廣場上你可以吃到正宗的摩洛哥羊肉料理，摩洛哥人嗜吃羊肉，在他們的飲食文化中早已發展出全套的羊肉吃法，包含羊腦都是一道美食，但對於胃腸本來就不好的我而言，我沒試過這道佳餚。除了羊肉攤炙手可熱之外，你也可以試試蝸牛，雖然，我也沒有試過。

▲傑馬艾夫納廣場上的猴子與牠的主人。

▲弄蛇人的 Special

傑馬艾夫納廣場最吸睛且最刺激的莫過於弄蛇人的表演，廣場上雖然新奇事物俯拾皆是，但是因為觀光的推波助瀾，許多攤商的主要收入來自於與觀光客的合照，只不過有些可能的爭執由此而生，有些時候觀光客只是想拍照，但某些攤商會示意需付費。

　　儘管傑馬艾夫納廣場旁也有龐大的商店街，商店街確實也是廣場的一部分，但是如果以廣場的定義來看，臺南的花園夜市比較接近傑馬艾夫納廣場的調調，當然，這兩者的內容完全不同，歷史背景也天差地遠。

　　一開始就將「尋貓模式」設定錯誤的我，後來索性離開了廣場，進入廣場旁的小巷，品嚐義大利冰淇淋的美味，正在大啖冰淇淋時，兩隻貓的出現讓我感到些許的詫異，牠們感覺像是戀人一般，看來如膠似漆地形影不離，牠們同我一起看著廣場上的眾生相，我們三個似乎一起理解了什麼？瞬間，廣場上的人們就像是一分鐘 24 格的電影一般，他們熙來攘往，我們三個不動如山。

　　「人生若只如初見」，我轉頭看著這兩隻從容的貓兒，心中浮現的卻是納蘭性德的這闋詞，說不上為了什麼，大約就是雜沓紛亂的廣場反倒讓我覺得無奈，如果沒有這一連串的摩洛哥貓兒軼事，或許這廣場對我的意義就完全不同了，我應該像是尋常一般觀光客那樣搜索有趣的攤商或是賣藝人，即使是心中念念不忘的瞬間或許也與貓兒無緣，可偏偏在摩洛哥的所見所想又脫離不了貓的控制，如果一開始見到的摩洛哥與貓兒無關，那麼，之後也就不足為奇了，我一邊吃著冰淇淋一邊打量著這兩隻貓兒……

▲ 傑馬艾夫納廣場不管日夜都有著川流不息的人潮，但是
真正的好戲是午後開始的，黃昏之後廣場進入了熱鬧期。

馬拉喀什的貓

貓躲到哪裡了？原來藏在
柏柏露天市集的巷弄角落

我曾在非洲南部見過跟這隻貓兒長得
一模一樣的工藝品，如果這隻在馬拉
喀什打盹的貓知道有商人將牠變成商
品來販賣牟利，會不會向商人索取版
權金呢？

　　傑馬艾夫納廣場附近也是摩洛哥境內最大的柏柏露天市場（souk），市場本身與城市一樣久遠，十一世紀以來，來自於西非的黃金、奴隸、象牙、珠寶等都在此地進行交易，由於物以類聚的關係，當地的陶藝、香料、草藥批發、皮革、金屬加工、紡織等商家，也在此地進行買賣，久而久之也形成了一個巨大的商業區，這些不同的商家往往以街道區分行業別。

　　馬拉喀什的貓兒就駐足在老市場的街弄裡，該說什麼？塞拉的貓看盡了煙硝戰火，得土安的貓看慣了白色的牆與藍色的天光，蕭安的貓習染了一身的幽靚，菲斯的貓兒曾是輝煌文明的見證者，梅內克斯的貓多半看過綿延無盡的城牆，坦吉爾的貓總是遠眺對岸的西班牙故土，馬拉喀什的貓？難道牠們也懂錙銖必較的道理？或是也懂賤買貴賣的法則？我猜牠們即使懂，卻也謹守知之為不知、不知為不知的真理。

　　既然有了菲斯的經驗，加上吃冰淇淋的偶遇，我越發不想往廣場走去，巷弄之間才是貓兒的王道，如此淺顯易懂的道理，我竟然後知後覺地在廣場的邊緣發現，於是我將路線從廣場拉回了巷弄。我當然喜愛廣場，畢竟那裡匯聚了許多幾百年來不變的風土民情。

　　我曾經造訪過埃及開羅著名的大市集，但是與傑馬艾夫納廣場相較，開羅的大市集就屈居下風。再者，摩洛哥的詐騙事件確實也不如埃及那樣的頻繁，雖然「貨比三家不吃虧」的真理放諸四海皆準，但是摩洛哥的情況，不若埃及那般的讓人生厭。

或許馬拉喀什的貓真懂得如何做生
意，但是牠們寧願在午後悄悄地安睡。

老市集中的乾果批發商
摩洛哥以出產乾果有名，另外
橄欖油也是摩洛哥農業產品中
的大宗，其產量位居世界第四。

▲ 在市集中的一隻貓，毛色看來十分俠客，看來
馬拉喀什的貓比起其他地方的貓更安於現狀。

　　為了貓，我在白晝轉入了巷弄，所有在馬拉喀什遇見的貓兒都是在
巷弄裡，無一例外，等到夕陽西下時分，我才從巷弄裡慢慢走向廣場。
我確實也沒有預料到竟然可以在巷弄裡待上一整天，即使在菲斯都沒有
這樣的體驗，大概是因為菲斯的巷弄讓人辨不清方向，宛若羊腸的菲斯
巷弄儘管引人入勝，卻偶爾打擊我的大腦，我經常為了找路而感到苦
惱，馬拉喀什的巷弄就沒有這種困擾，畢竟是露天的，寬敞的巷弄不至
於感到暈眩，儘管街肆中所有店家所賣的工藝品都讓我神迷。

例如摩洛哥的玻璃小罐，那種典型的摩洛哥工藝品實在令人愛不釋手，當然，我對銅製的燈罩也感到無比的興趣，但是如何攜帶回國卻成為無解的問題，流連在巷弄之間的同時買了許多玻璃小罐，我拿那些小罐裝盛撒哈拉的沙子，五千年來的永恆，霎時裝入了一樣由沙子製成的玻璃罐內，我是極愛那些充滿異國風味的店家，即使賣的是當地的日常生活所需，對我而言都是一種文化上的洗禮，忙著看東看西的我慢慢的也忘了拍貓這回事，後來我慢條斯理地想了一回，才發現所謂的「成見」，是多麼自然而然地影響了我的判斷。

　　總之，我經常被先入為主所哄騙，一開始以為摩洛哥是貓的國度，因為在隨處可見的範圍內，摩洛哥的貓，確實是一種再稀鬆平常不過的存在，一開始我也認為既然馬拉喀什以廣場聞名，那麼，貓也應該出現在廣場上，因此我花了很多時間在廣場上尋找貓的蹤跡，但沒有多久就發現我的認知有誤，如果我是貓，也寧願窩在門邊而非空曠廣場上，我仔細想過這個問題，我所拍過的貓都未曾出現在廣場上。馬拉喀什確實也給我上了一課，但很多人卻並不願意放棄自己的先入為主，問題在於外在環境不可能隨著主觀起舞，有些人明知「先入為主」有其嚴重的缺陷，但是礙於面子，卻又一意孤行，從前的我多多少少也有這種傾向，不過當年紀漸長之後，什麼「堅持」大概也都淡然處之了，我同時也相信貓沒有這種「堅持」的困擾。

索維拉的貓

原來摩洛哥的貓
都集中在索維拉

索維拉簡直是摩洛哥貓咪的天下糧倉，牠們的「貓生」可以用「上馬魚，下馬也是魚」來定義。因為索維拉是一個漁村，有取之不盡、用之不竭的海鮮來餵養貓兒。

　　我想我先前的說法顯然有誤，菲斯固然魔幻，但比起索維拉（Essaouira）的慵懶與無所事事，我得難為情的承認，索維拉才是我的最愛，而且，索維拉的貓比起其他摩洛哥的貓，簡直是氾濫！

　　我只是個很資淺的尋貓人，難以區別出各地貓的屬性，雖然在摩洛哥的尋貓經驗裡多少增進了一些這方面的功力，但若是跟那些沈淪在貓世界的人類而言，我只是個「中二」程度的貓狂，說來好笑，貓自以為自己是神，拜貓的人們大概也以為自己是奴僕，而我的程度大概連進「奴僕訓練班」的程度都尚未具備，自認為在和諧的宇宙裡，我與貓兒處在和諧的兩端。畢竟在摩洛哥的尋貓之旅，也培養了許多對貓的直覺或是知覺，我是真的認為我在摩洛哥有了「貓感」，這得來不易的第六感未必與我的星座有關，就像之前所說的，這與摩洛哥這塊土地相關。

　　由於自認對貓越來越理解，我慢慢地也能整理出摩洛哥各地的「貓性」，一般說來摩洛哥山線的貓要比平地的貓兒慵懶些，海線的貓的反應又比山線的來得慢，這顯然跟飲食文化有點關係，海線的貓有取之不盡、用之不竭，且又免費奉送的海鮮，這等好事當然生出了好吃的貓兒，儘管「好吃」不見得會產生「懶做」的結果，但根據我的觀察，「懶做」的機率是很高的，比如說坦吉爾的貓就有點「懶做」的傾向。

儘管每個地方的貓都有自己的個性，例如鄉下人比較好客，城市人比較冷漠，貓兒多半也同人類一般。但是在某個程度上，貓的個性既單純也複雜—就是那種慵懶的躺下飽飲著陽光的照拂，或是神祕兮兮地躲在草叢裡，不然就是在小巷裡互相追逐著，所有我認識的貓總有這樣的影子，當然摩洛哥的貓也未例外。

　　這大概是世上所有貓的通則，我也聽過我的朋友說起貓也有嚴密的社會階層這回事，只是我在旅行的當下卻難有機會好好觀察，我總是與牠們照過面之後便各自做著自己的事情，儘管在摩洛哥的當下，我能理解摩洛哥的貓兒一些些了，但是這樣各分東西的情境，即使到了摩洛哥也未曾改變過，我與貓兒，或者說貓兒與我都想保持一點若有似無的距離，一段可以產生相互尊重的距離。

　　索維拉的貓儘管未經科學上的統計，但是無論怎麼看，其數量絕對是在摩洛哥無出其右，索維拉的貓之所以氾濫，是因為它的地理環境造就出來的，索維拉的海灣可抵禦海風，索維拉自古以來是一個寧靜的漁村與海港，羅馬帝國時代，索維拉所產出的紫色海螺曾用來染製帝國元老院長老們所穿的長袍，因在那個年代，紫色的鑲邊才是無上的尊貴。

　　但弔詭的是這世界上只有藍貓卻無紫貓，如果世上真有紫色的貓，說不定會直接改寫人類的歷史。

▲ 走在阿甘樹吃果實的羊群是索維拉的觀光勝景

前往索維拉的路上可見田野間有著疏落的阿甘樹（Argan），全摩洛哥大概有六千棵阿甘樹，從它的種子所提煉的阿甘油具有非常強大的抗氧化作用，也是仕女們最愛的美容聖品。

▲ 索維拉的一家水果攤，摩洛哥也以出產許多水果聞名於世。

因為不管是東方或是西方都認為紫色代表尊貴，在清朝時紫色蟒袍是品位高者的官員才能穿的，至於玄學家們喜歡用「紫氣東來」說明顏色與方位的關係，至於羅馬帝國的元老們則以紫色鑲邊若有似無地告訴旁人自己才是主角，那一大片的白色長袍不能說明什麼，但紫色的鑲邊，畫龍點睛地展現了貴族的權力。

　　世上雖無紫色的貓，但是索維拉的貓兒與羅馬帝國的紫色一樣的尊貴，不像是其他地方的貓可能還需要為三餐奔波，儘管所有在摩洛哥的貓似乎都不愁吃穿，但在程度上依然有著顯著的差別。

　　無庸置疑，索維拉簡直就是摩洛哥貓咪的天下糧倉，不是用手到擒來可以形容的，牠們的「貓生」大概可以用「上馬魚，下馬也是魚」來定義。靠海就是有這種優勢，餵養索維拉貓兒的可是取之不盡、用之不竭的海鮮呢！

　　人類往往感嘆出生時的差別，不曉得貓兒是不是也有這樣的困擾？有些人生在帝王之家，享用榮華富貴，但終其一生並無太大的作為，而且大多數還以悲劇收場，有些人在艱困的環境中長大，日後卻雄霸一方，貓兒難以與人們做類比，但是我總記得拿破崙說過的「你現在遭遇的苦難，是你在過去某一段時間內的懶散所造成的！」除非地球的漁業資源完全枯竭，否則，我敢保證索維拉的貓兒不可能理解拿破崙的這句金言。

索維拉的貓

索維拉是人類
最早正式收養貓兒的地方

有學者認為索維拉是最早貓兒正式被
人類收養的地方，貓兒在此地，堂而
皇之地走進人類的住家，其年代還早
於埃及，因貓兒無法抗拒這裡有吃不
完的海鮮。

　　根據學者的研究，貓在 3,600 年前成為埃及人的寵物，埃及人愛貓舉世聞名，他們將死去的貓製造成木乃伊，好讓貓兒的「貓生」成為永生，貓在埃及的神明體系中占有一席之地，名為巴斯特（Bast ／ Bastet）的貓首人身女神在古代埃及世界裡扮演著家庭守護者的角色，祂象徵著家庭的歡樂與溫暖，在神話中祂協助阿努比思（Anubis 冥王）及太陽神（Ra）對抗邪靈，因此，埃及人也相信巴斯特可以幫助人類驅逐邪惡及治癒疾病。

　　有一項研究指出，野貓在一萬年前於肥沃月灣開始其馴化的過程，一開始野貓停留在人類的住家附近，因為可以捕捉在人類聚落附近出沒的老鼠，並尋找人類的殘羹剩餚。換言之，貓兒其實很早就開始從事投機事業，而人類也很早就落入這種貓兒所設下的陷阱。有趣的是除了捕鼠的功能之外，貓對於人類的歷史而言並無重大的貢獻，且關於捕鼠這回事，其實多半可能還是因為貓的食慾或是好奇心作祟，人類豢養家禽與家畜，不管是為了食用或是勞力之所需，都有其實質上的貢獻，貓大概是唯一的例外，沒想到嚴苛的人類竟會接受一種個性時而冷漠、時而熱情、時而驕縱、時而穩重、時而溫柔、時而兇猛、時而惹人憐惜、時而又令人十分火大的貓。

貓兒的性格儘管善變，但卻又擁有單純的可能性，大概是因為這種完全令人難以捉摸的個性擄獲了人類的心。

　　索維拉在貓的歷史上又扮演著哪種角色？有學者相信索維拉是最早貓兒正式被人類收養的地方，換言之，貓兒在此地，堂而皇之地走進了人類的住家，其年代還早於埃及，撇開嚴肅的學術不論，光是以索維拉豐富的海鮮而言，大概就能合理推論喵星人選擇在這裡結束野外生活的原因，而牠們心甘情願地成為漁夫家中的一分子，主要是每天有鮮美的魚兒自動送上嘴來，實在是難以抗拒的誘惑。

　　於是，這大概也可以解釋貓在索維拉多到泛濫的理由，不管是家門口或是街巷裡、海港的城牆上，以及屋頂之間，總之，儘管索維拉的貓多不過天上飛翔的海鷗，但若以地面上而言，貓毫無疑問的是牠們自以為的神。

　　走在索維拉街頭不禁替我的同鄉感到惋惜，身為一個愛貓成癡的貓奴，卻沒到過索維拉這處「觀貓聖地」，而我卻因緣際會地走在這貓奴羨慕的所在，但這世界就是這麼顛倒，越想要得到的，八成越難得到，不在「人生清單」的東西，卻像天上掉下來的禮物那樣突然，只不過收禮的人，往往在日後才會知道那禮物到底有多麼的珍貴。

索 維 拉 的 貓

索維拉是我在摩洛哥拍貓的
起點也是終點

索維拉的肥貓，應該是我在摩洛哥所
看過的貓中最肥者。索維拉成了我拍
貓的起點和終點，倒也不是說我從此
就不拍貓了，而是她是我將來拍貓的
另一個全新的起點……

▲ 索維拉的橘貓，一如我之前認為的，
橘色實在是貓族中最具有爭議的顏色。

　　在來摩洛哥之前，我對於貓的看法其實沒有太多的歧異，貓與其他動物並無太多的不同，儘管我也拍貓，但拍貓這回事並沒有被放入我的人生願望清單裡，儘管我不是從摩洛哥開始拍貓，但卻是在摩洛哥才將拍貓這回事當做一回事看待，而且，似乎這個念頭是到了索維拉才真正的萌發，索維拉成了我拍貓的起點卻也是終點，倒也不是說將來我就不拍貓了，而是索維拉扮演著「終極啟蒙者」的角色。

　　我因為偶爾旅行，因此見過各地的貓兒，也稍微瞭解貓兒的逸事。

　　不管如何，我想索維拉被認為是貓的「起點」有其足夠的理由，如果貓兒願意相信海洋，那麼又有什麼可以阻擋牠們。既來之則安之，這似乎就是索維拉的寫照，不管是貓與人似乎都一樣。

　　年紀越大對於起點與終點的爭執也不再那麼堅持了。我是讀影像出身的，就美國好萊塢那套編劇理論而言，一個編劇必然要知道故事的結尾到底是什麼？例如有情人終於成了眷屬，或是少年終於將仇家給

殺了，或是英雄救了地球，或是⋯⋯，美國人認為唯有將終點清楚地標定出來，如此一來，故事才能走完全程。一開始我也覺得似乎就該是這樣，畢竟沒有終點的旅程總叫人忐忑不安，至少對於多數人而言，確實是這樣，我也不是沒有懷疑過這種理論，但是年輕時懶得想太多，也就不想用腦袋區深究了，心想，既然好萊塢這麼成功，這理論大概也八九不離十吧！但是後來，我卻覺得以上的說法很有問題，因為在實際的人生中，除了死亡是已知的終點之外，旅程上的插曲，大概有八成都是在人類所能控制的範圍之外。

摩洛哥這個迷幻的「金魚缸」給了我逃脫的機會，懶散的我因為與貓同行，也就更懶得去想什麼起點與終點的問題了，甚至，也沒打算去想什麼關於當下的問題，當下不就是起點也是終點？總之，「想」對於我而言成了多餘的動作。在摩洛哥拍貓時，其實未曾想過什麼，以前拍照時，慣用的長鏡頭到了摩洛哥直接轉成數位的廣角模式，說來好笑，一開始確實沒想過把貓當成主角，後來發現框中有貓的機率實在太高了，才漸漸地以貓為對象，不過，我未曾放棄廣角模式，對我來說那是一種最取巧的方式，因為我沒想到如此操作竟然也能得到不錯的效果，只能說這是一種因緣吧！也就是我想都不想的新風格，竟然在摩洛哥誕生，這或許是所謂的「無心插柳柳成蔭」吧！

不管何時何地，索維拉的人類
以澎湃的海鮮餵養索維拉的貓。

雖然我只是個資淺的貓迷，但卻因為
去過一些地方，因此見過各地的貓兒。

　　以前為了所謂的「決定性瞬間」往往搜索枯腸地鑽研等待，後來漸漸地覺得老把攝影當一回事有點不切實際，就像我一開始寫旅行文學時，總覺得必須要言之有物，文以載道，年紀越來越老成之後，反倒覺得那樣寫可能是一種矯揉造作，這多半與我自己懶散的惰性有關，比如一開始我寫日記，但是到了 29 歲之後就懶得爬梳自己的心情，日記也就自然而然地成了週記，接著週記也經常缺席，甚至我只在心情不佳時才會動筆寫下「今日心情惡劣」之類的無聊語句，於是「心情惡劣」成了週記的基本款式，其他更為精簡的有「今日很悶」、「今日很無聊」之類的，我猜可能是因為體察出自己早過了青春年華，今天與昨天並沒什麼互異的地方，也就沒有什麼好紀錄的……這樣說其實也沒有什麼不好，也只不過是應了金剛經上所說的「如夢幻泡影，如露亦如電」，但是我卻又不信佛。

　　比如，一開始，我也寫自己的旅行，但是到了緬甸之後，竟然就以隻字片語隨便地帶過，不！應該說是從紐西蘭之後，然而，這種懶散當然也從紐西蘭蔓延到了澳洲，在整個澳洲的旅行裡並沒有「認真」的記下什麼，我得承認過去的我，的確很喜歡記下些什麼的，像是想把瞬間

引爆的煙花收在黑夜，或是說不願意承認，其實所有的「瞬間」到了後來，充其量只是某種模糊到不行的記憶。

於是，我經常在寫，最後竟然成了許多人認定中的作家，我的大學老師甚至這樣說「我怎麼可能與一位著作等身的作家辯論呢？」他的意思應該是說「我怎麼可能辯贏一位暢銷作家呢？」詭異的是我從來就不是一位「暢銷作家」，而且，我所寫的那些文章多半都不是很暢銷，其實，我倒也很喜歡這種情況，犬儒一點來說吧！我從來就不喜歡「暢銷」這兩個字，我總覺得「暢銷」是低俗的同義詞，因此，每當有人以「暢銷」這兩個字恭維我時，我從不覺得開心或是快樂的。

我也不清楚自己的攝影之道該如何詮釋，或許有人會認為這種說法很不負責任，畢竟我寫過幾本關於攝影論述的書籍，書中所講的多半是我對於「決定性瞬間」的看法，當然，我是相信「決定性瞬間」的，但是，卻也認為不管怎麼解釋，我的攝影之道不會更為開朗明亮，相反的，它可能像是霧一般─越大越模糊，但這也不單單是我個人的問題，因為就連老布他自己也沒把這個概念說清楚……至於「決定性瞬間」對於索維拉的貓而言，大概就是今天晚餐決定先吃大魚還是小魚吧。

索 維 拉 的 貓

除了睡與吃
就是安靜的發獃
這是禪的高境界

我很意外地發現絕大多數的遊人似乎
不特別關注索維拉的貓，猜想應該是
索維拉的貓俯拾可得，反而就沒什麼
稀奇，這可能就是所謂的近廟欺神
吧！

▲ 男孩故意逗弄著這隻不算清瘦的貓兒，不過，貓兒不願從夢鄉中醒來。

　　我說索維拉是起點也是終點並非無的放矢，說是一種頓悟吧！摩洛哥的貓兒沒有一處像索維拉這般的海量、這般的氾濫，大概是因為靠海的關係，索維拉的海風似乎也帶著「催眠曲」進港，貓兒在大街小巷、咖啡座旁、陽光下、陰影裡，牠們最鍾愛的似乎依舊是酣睡，儘管酣睡之貓在各地都非常普遍，在摩洛哥的各大小城鎮亦不意外，但是少有像索維拉這樣睡成一團的。

　　而且，偶爾你會發現索維拉的世界像是平行宇宙一般，在其他地方這樣的平行宇宙就算是存在，但畢竟不是常態分布，在索維拉則不然，貓在索維拉是神，牠們照看著人的一切，人在索維拉偶爾成為貓，溫順地過著日常生活。

▲ 無論如何，無所事事地趴著躺著，其實是索維拉的貓的日常。

　　我當然不可能與貓有什麼同謀，至於所謂的默契更是付之闕如，但我認為貓無論如何比人類都更接近禪的境界，禪宗不立文字是為了破除執念，說穿了，真正的禪是指空的總和，無我的極大化，它以極簡的生物需求匡列精神上的欲望，就這個角度而言，索維拉的貓，確實懂得禪意，除了睡與吃之外，牠們頂多就是安靜的發獃，「追趕跑跳」在索維拉幾乎石沉大海，我甚至覺得索維拉的鐘擺速度近乎停頓。

▲ 在貓城索維拉的人們有多愛貓？這扇門可能可
以解釋一些。

▲ 索維拉的一隻白貓，也是唯一一隻，除牠之外，我在摩洛哥未曾見
過這樣的白貓，據說白貓較為獨立，也較為聰明，喜歡與人在一起。

　　大多數遊人的焦點都放在索維拉的海鷗身上，畢竟索維拉的海鷗堪
稱摩洛哥最多，在鵲起之時往往能夠遮天蔽日，那種數大就是美的場景
必須要親臨，否則也難以形容，就是因為海鷗多如恆河沙數，因此不少
遊人樂得以追趕海鷗為樂，至於尋找貓？我很意外地發現絕大多數的遊
人似乎不特別關注索維拉的貓，猜想應該是見多了，儘管索維拉的貓俯
拾可得，但真正對牠們感到興趣的人類卻不多，這可能就是所謂的近廟
欺神吧！

▲索維拉海邊的葡萄牙式碉堡

索維拉的舊稱是莫加多（Mogador），此名其實也是源出葡萄牙人，歷史上的索維拉也曾是兵家必爭之地，葡萄牙人在十六世紀於摩洛哥的大西洋沿海興建六座碉堡，其中一座即位於索維拉，只不過五年之後柏柏人奪回了大西洋岸的控制權，之後西班牙、英國與荷蘭及法國等歐洲列強都企圖攻占索維拉，但全都無功而返。索維拉堪稱摩洛哥境內最富歐洲風味的城市，如果宮崎駿曾在這裡駐足，或許索維拉還能幻化成另外一種動畫篇章。

▲ 在摩洛哥我只在此時看過狗的出現，飼主看來是法國人，長毛的阿富汗獵犬算是狗中的貴族。

　　索維拉與坦吉爾有一點很類似，兩地不約而同地在 1960 年代時吸引了許多歐美國家的藝文界人士到訪與長期居住，這兩個地方也有一個相同之處—國際化。索維拉的格納瓦（Gnawa）音樂節更是非洲樂壇的年度盛事，格納瓦音樂原是撒哈拉一帶的傳統音樂，通常由黑人演奏，且用於許多閉門的靈療儀式，那個領養大耳狐麥麥的博士曾告訴我，她在撒哈拉地帶進行人類學田野調查時，曾經見過「病患」聽到格納瓦音樂之後產生靈動的例子，畢竟博士早已經是當地人的一分子，加上她的人類學研究的必需，因此，當地人願意破例讓她參與，在正常的情況下，一般人是被禁止出現在儀式裡的。

　　我也曾經在撒哈拉邊緣與博士一起聽過格納瓦音樂，只可惜沒有見到那種靈動的場面。

▲索維拉一位跟貓一樣好奇的小男孩。

▲索維拉的少年們在看著貓兒大啖海鮮。

　　索維拉不僅是觀看貓的聖地，而且還是觀看人的絕佳場域，很難找到一處像是索維拉的所在，可以讓你盡情地觀看摩洛哥的眾生相，可能也是因為國際化的關係，當地人對於成為外國人的攝影對象這回事不完全那麼地排斥，當然，身為一個有禮貌且尊重瞬間的攝影者，我從來不願意讓被攝者感到任何的不悅。

　　在索維拉時，除了尋找貓兒之外，也順便看看索維拉的芸芸眾生，沿著海邊走，當地的男女老幼便一一呈現在我的眼前，幼童在海邊盡情的嬉戲，青年則在港口的城牆上表演跳水的戲碼。

▲ 索維拉之意為「巧奪天工」

索維拉的青年喜歡在港邊的碉堡旁賣弄自己高超的跳水技巧，現在的城垛是十八世紀的阿拉維蘇丹穆罕默德三世（Mohammed Ben Abdallah）邀請法國建築師所設計建造的，竣工之後，此城也從莫加多改為索維拉。

▲索維拉的老者，臉上顯露飽經風霜的歲月痕跡
滄桑的臉龐或許跟索維拉終年都有的強勁季風有關，索維拉也因此有「非洲風城」的美稱，現在的索維拉已經轉型為觀光港口，許多愛好帆船運動的歐洲人士喜歡在此地定居。

　　不遠處的漁港排列著數百艘的藍色漁船，我並沒有問當地人關於藍色的原因，這或許跟猶太人有關，海面上的蔚藍以漁船的形式衝擊著我的視覺神經，我從未看過那樣的風景。索維拉自然也有許許多多的老人，他們兀自坐在海邊閒話家常，飽經風霜的痕跡完全顯露在他們的臉上，時光的侵蝕似乎以很寫實的方式為他們的人生增添了許多刻痕，猶如一處微型的劇場，我在索維拉的海邊見到了各種「我相」，説是悲歡離合也罷，説是陰晴圓缺也好，總之，在索維拉的海邊散步，確實是一件極為愜意的事情。

　　我直覺地認為索維拉的貓與人都是性情之輩，差別只在於前者只是終日酣睡著，後者往往有著「生年不滿百，常懷千歲憂」的感嘆。

▲ 索維拉的瓷盤，滿是伊斯蘭風格，當時
沒買入手，離開摩洛哥之後頓覺後悔。

▲ 索維拉的賣水人，這身行頭算是他們的
標準配備，也算是街頭藝人的一種。

▲ **不勞而獲享受貓生才是正解**
索維拉的貓當然不全都是酣睡著，就跟馬拉喀什一樣，
但是當日正當中時，索維拉的貓兒似乎不約而同的入定。

薩菲的貓

比較偏愛隱士的低調風格

薩菲的貓大概比較偏愛隱士風格，或
許難以用「為人作嫁」形容，但是牠
們確實很不愛出風頭……因此，與其
成為高傲的藍貓，還不如以薩菲的貓
兒做為學習的典範。

　　離去索維拉之後，大概所有的愛貓人士都會認為此後的地方不會再有貓的盛況了，會有這樣的想法其實情有可原，畢竟索維拉算是地靈貓傑，神一般的國度怎麼看都有牢不可破的地位。

▲沒想到薩菲的匠人竟然出現了這樣的「巧思」。

　　當然，索維拉就如她的名稱一樣「巧奪天工」，這也令位於其北方的小鎮薩菲（Safiﻲﻔﺳ）相形見絀，原本我也以為薩菲大概不甚了了，不就是一個以陶器稍有名氣的小鎮嗎？論名氣不及索維拉，大多數的遊人不會列入造訪名單，論知名度，也不如索維拉，儘管她的歷史實際上比索維拉更為悠遠，論貓況，就更不能與索維拉並駕齊驅了。

▲ 薩菲的孩童喜歡嬉鬧，跟不喜歡張揚
的薩菲貓，大相逕庭。

▲ 薩菲看似一座過氣的文藝小鎮，實則
底蘊還是足以吸引藝術家們的目光。

▲ 格子狀的日光，孕育了低調的薩菲貓兒。

但是，「先入為主」往往也會遭致錯誤結果，薩菲固然小，卻也巧得很，薩菲的貓大概也繼承這種不張揚個性，牠們比較偏愛隱士的低調風格，在索維拉隨處可見的貓，在薩菲成了偶遇之下的結果。

薩菲的小巷原來隱藏了許多貓兒，這些貓兒似乎也比較世故，不太願意與人們親近，也不太願意與人「閒話家常」，或許，牠們知道低調才是境界吧！我在小鎮中信步閒晃，原來即使是一樣的日光，在小鎮也以不同的樣貌出現，疏落的日光似乎也不帶任何情感，格子狀的遮棚將它分割又組合，地上的貓兒也習慣以這樣的方式去領受，彷彿早知道就是如此，原來神一般的風華並非空穴來風，只是牠們並不言語，我自顧自地走著，就這樣領略了小鎮風光，格子狀的日光依舊，只不過角度又歪斜幾分，我忖思著。

▲ 薩菲的兩隻貓，不知道牠們之
間是不是存在著繾綣的感情？

▲ 薩菲一扇看似低調的門，還蠻符合薩菲的貓不愛出風頭的個性。

「桃李不言，下自成蹊。此言雖小，可以喻大」，這個典故用在薩菲的貓身上非常貼切，不管是物理上或心理上都如是，薩菲的貓或許難以用「為人作嫁」形容，但是牠們確實很不愛出風頭。

這幾年來「桃李不言，下自成蹊」也成為我的座右銘，常以它勉勵我在故宮南院實習合作計畫中所帶過的學生，在這個以功利為主的社會，世人所希望的是「自我行銷」，即使浮誇奢華也在所不惜，就算只是含苞待放也要敲鑼打鼓大鳴大放，這終究是認知上的問題，「寧方勿圓，寧拙勿巧」我是這麼期待學生的，所幸他們都能將這些話語內化成自己的一部分，這大概也是身為老師的我最感到欣慰的一件事。總而言之，與其成為高傲的藍貓，我倒希望學生們以薩菲的貓兒做為典範。

▲ 薩菲的貓，雖然低調，但
還是能洞察世事的無常。

馬札甘的貓

天使城沒有天使卻有貓

天使城不是我的摩洛哥末站，但是就凝視貓而言，卻可以說是我的最後一站，儘管我在卡薩布蘭加也曾看過貓，但是那裡的貓卻寥寥可數。

馬札甘（ Mazagan مزاﮔان）又是另外一座不算起眼的小城，儘管它也名列世界文化遺產之林，但知名度遠不如菲斯或是索維拉，這大概又是屬於一種「柳絲榆莢自芳菲，哪管桃飄與李飛」的風格。

葡萄牙人在 1513 年在此地建城，「Mazagan」原來是柏柏人的稱法，入境隨俗的葡萄牙人也跟著沿用，這倒有點像是澳門（Macau）的例子，當時葡萄牙人一上岸問了當地人，當地人指著不遠處的媽閣（媽祖廟）說道「這裡是媽閣！」，Macau 從此誕生在歷史的舞臺上。

葡萄牙人在馬札甘立足超過兩個半世紀，由於必須防禦來自於海上的威脅，也得提防來自於內陸的騷擾，因此葡萄牙人在此地修築了超乎想像的厚實城牆與堡壘，其中位於東南角的堡壘可俯瞰全城與港口，這座堡壘被葡萄牙人命名為「天使堡壘」，於是我私心地以「天使城」稱呼馬札甘，我總覺得「天使城」比起馬札甘更具有詩意。

在葡萄牙人的經營之下，「天使城」充滿了濃厚的南歐風味，城內還有一座聖母升天教堂。全盛時期的「天使城」大約有一千位居民，至於有多少隻貓就無相關文獻可以佐證了。

天使城在 1769 年淪陷於穆罕默德三世的手中，城陷之前，葡萄牙人將整個城池炸毀，因此穆罕默德三世儘管凱旋勝利，但卻只得到了一座廢墟，之後的歷史跟其他地方的摩洛哥很類似，新的統治者在舊城旁築起了新城，天使城因此成了麥地那，而且是很異國的麥地那，又有誰能想到「麥地那」竟然是一座南歐老城？

天使城還有一處名勝，一座於 1642 年竣工的軍火庫，後來被改建成為地下蓄水池，34 公尺見方的地下蓄水池可以儲存 4,000 公噸的雨水，其建築與聖母升天教堂同屬曼紐式風格，由 25 支柱子撐起的穹頂建構出一種迷幻風格，穹頂中央還有一個圓窗，陽光由圓窗灑落，霎時之間，幽幽的氛圍轉成了魔幻的場域，聽說有一些電影曾在這裡拍攝，可惜那天的遊人實在太多，最後我並沒有拍下什麼。

▲ 前往天使城的途中經過一座燈塔和一個騎單車的摩洛哥人，我總覺得摩洛哥人都是天生的 model。

▲ 天使城的宣禮塔原先是燈塔，這座五面的宣禮樓舉世無雙。

▲ 西班牙人對於海港大城的第一印象─很多的白色房子

Casablanca 源出西班牙語，Casa 是房屋之意，Blanca 則為白色。18 世紀末，西班牙人取得卡薩布蘭加的控制權，一開始便以「白色的房子」稱呼。

▲哈珊二世清真寺
除了擁有世界最高的宣禮塔之外，裡裡外外
共有 2,500 根巨型石柱支撐，門飾、穹頂
的幾何雕刻華麗奪目，但是那裡並沒有貓。

　　天使城不是我的摩洛哥末站，但是就凝視貓而言，卻可以說是我的
最後一站，儘管我在卡薩布蘭加（Casablanca）也曾看過貓，但是那裡的
貓卻寥寥可數，雖然卡薩布蘭加是第一大城，也有美麗的白色房子（這
也是卡薩布蘭加的西班牙名字）、壯觀的清真寺（哈珊二世清真寺擁有世
界最高的宣禮塔，高 210 公尺）融合古今的奇妙風格，但是那裡的貓
卻不多，或者是因為城市太過繁華，貓兒反而遠避他鄉。

　　我的摩洛哥之旅在卡薩布蘭加的清真寺畫上了休止符，但是，我的
「貓的凝視」卻沒有終止，有一天我會前往突尼西亞與阿爾及利亞，去
看看那裡的貓。

◢ 老城區瀰漫著滄桑的氣息
很多遊人對於卡薩布蘭加的現代化感到
印象深刻，但我卻只對它的老城區感到
興趣，在那裡你可以看盡庶民的人生。

◢ 卡薩布蘭加老城區的一堵牆，上頭
的塗鴉看來很具有文青的藝術價值。

▲只喜歡老城區的貓
我只在卡薩布蘭加老城區看過貓,在繁華熱
鬧的新城沒看過貓兒,這或許跟機率有關,
但貓兒喜歡老城區,似乎就是摩洛哥的定律。

後 記 │ 那些我曾經遺漏的瞬間

　　每回當我凝視著某物的同時，總有一點什麼的因緣讓我按下了快門，儘管這一點點是什麼難以言詮，總也有一點什麼關於「弱水三千只取一瓢飲」的記憶。或者這樣說吧！過去、現在與未來都是當下綿延的不同變異，而我不知道自己會在幾時幾分幾秒看見了什麼「瞬間」，且也不知道是否「瞬間」真的會現身？但是，「瞬間」的現身與否似乎也不再重要了，因為這純粹是一種頓悟─就像是在摩洛哥與貓偶遇那樣。

　　其實「忘記」可能還是所有藝術的最終境界，我所漏失的「瞬間」往往都令我感到印象深刻，甚至可以在腦海中想起當時的細節，比如二十年前在倫敦的某個夏天，曾經見過一位戴著碩大墨鏡的小女孩從電話亭的門邊向我做鬼臉，當時完全沒有機會拍下那個瞬間……

　　或是在威爾斯的山間，某個夏日午後，見到一頭山羊將頭探進一部休旅車的行李箱內尋找食物，同樣的，那太倉促，完全無法預料那樣的瞬間會在頃刻之間乍現在我的眼前；或者是我曾經在摩洛哥的旅途上看見了一隻神情似乎哀傷的貓兒……而以上這些我曾經漏失的瞬間，反而像是鬼魅一般地反覆出現在我的海馬迴裡。

如若有一天，醫學科技高明到可以擷取人類的記憶，那麼我的顳葉與海馬迴裡所提煉出來的，或許都是這種遺珠之憾。當然，有一天，也許會全然的忘記這些細節，甚至也會忘記怎麼回憶這檔事。

　　逝者如斯夫，不捨晝夜，我猜應該是我的凝視與時間的合謀造就了那些「瞬間」，詭異的是時間之流一邊侵蝕著，一邊卻又堆積著，而我實在解不開這種矛盾的方程式，就像是我也解不開摩洛哥的貓到底在凝視著什麼？

　　我的「摩洛哥之旅」得益於 Olympus 臺灣地區總代理「元佑實業公司」及「創意星球旅行社」的贊助，Olympus EM1 無與倫比的優越性能讓我在攝影方面無所顧忌，而「創意星球旅行社」社則提供了最為專業的旅行服務。在此一併感謝。

國家圖書館出版品預行編目資料

摩洛哥，貓的日常 / 李昱宏作. -- 初版. -- 臺北
市：華成圖書，2018.10
　面；　公分. --（出走系列；T1002）
ISBN 978-986-192-332-1（平裝）

1. 旅遊　2. 攝影集　3. 摩洛哥

767.39　　　　　　　　　　　107013041

出走系列　T1002

摩洛哥，貓 的 日 常 🐈

作　　者／李昱宏

出版發行／ 華杏出版機構
　　　　　華成圖書出版股份有限公司
　　　　　www.far-reaching.com.tw
　　　　　11493台北市內湖區洲子街72號5樓（愛丁堡科技中心）
　　　　　戶　　名　　華成圖書出版股份有限公司
　　　　　郵 政 劃 撥　　19590886
　　　　　e - m a i l　　huacheng@email.farseeing.com.tw
　　　　　電　　話　　02-27975050
　　　　　傳　　真　　02-87972007
　　　　　華 杏 網 址　　www.farseeing.com.tw
　　　　　e - m a i l　　adm@email.farseeing.com.tw
　　　　　華成創辦人　　郭麗群
　　　　　發 行 人　　蕭聿雯
　　　　　總 經 理　　蕭紹宏

　　　　　主　　編　　王國華
　　　　　文 字 編 輯　　王國華
　　　　　責 任 編 輯　　楊心怡
　　　　　美 術 設 計　　吳欣樺
　　　　　印 務 主 任　　何麗英
　　　　　法 律 顧 問　　蕭雄淋

定　　價／以封底定價為準
出版印刷／2018年10月初版1刷

總 經 銷／知己圖書股份有限公司
　　　　　台中市工業區30路1號　　電話　04-23595819　　傳真　04-23597123

讀者線上回函
您的寶貴意見
華成好書養分